KB211042

들어서
읽어라

들어서 읽어라

ⓒ 김용주, 2024

초판 1쇄 발행 2024년 4월 3일

지은이   김용주
펴낸이   이기봉
편집   좋은땅 편집팀
펴낸곳   도서출판 좋은땅
주소   서울특별시 마포구 양화로12길 26 지월드빌딩 (서교동 395-7)
전화   02)374-8616~7
팩스   02)374-8614
이메일   gworldbook@naver.com
홈페이지   www.g-world.co.kr

ISBN   979-11-388-2913-7 (03230)

방 황 을 끝 내 고 확 신 의 길 로

아우구스티누스의 생애와 신학

들어서 읽어라

김용주 박사

좋은땅

서문

저는 2008년에 한국에 귀국한 후에 종교 개혁자 마틴 루터에 관한 3부작 그리고 현대신학에 관한 3부작을 쓰고 난 후 『밤에 찾아온 손님』이라는 구도자를 위한 설교 집을 냈습니다. 현대신학에 관한 책을 계속 쓸 생각을 하던 중에, 갑자기 교회 역사에서 가장 빛나는 신학자로 알려진 아우구스티누스에 관한 책을 써야겠다는 생각을 하게 되었습니다. 저로 하여금 책을 쓸 결심을 하게 만든 계기가 있었기 때문입니다.

2023년 초에 어느 신학교에서 중세교회사를 강의하면서 신학교 시절 이후로 덮어 두었던 아우구스티누스에 관한 책들을 다시 들춰 보게 되었습니다. 그런데 내가 생각했던 것보다 우리 개신교에서, 특히 종교 개혁의 정신을 이어받는 보수 진영에서 아우구스티누스 연구가 미흡하다는 생각을 하게 되었습니다. 여러 가지 이유가 있겠지만 신학교에서 교회사를 가르칠 때 그를 중요하게 다루지 않고 있기 때문이라는 생각이 들었습니다.

교수님들이 초대 교회사를 가르칠 때도 제일 뒷부분에서 다루는 아우구스티누스는 대체로 신학 논쟁 차원에서, 예를 들어서 도나투스 논쟁, 펠라기안 논쟁 같은 몇 가지 중요한 논쟁들을 다루는 정도로 마무리합니다. 중세교회사를 가르칠 때도 476년 서로마제국의 멸망 때부터 시작하므로 여기서도 그는 다루어지지가 않습니다. 신학 석박사 과정에서 그에 관하여 다루더라도, 그의 대표작인 『고백록』과 『신의 도성』 같은 책들을 중심으로 다루는 데 그치곤 합니다.

아우구스티누스의 책들을 번역하고 한국에 소개하고 있는 신학자들은 대개 가톨릭의 신학자들입니다. 개신교 신학자들 중에서도 그에 관하여 소개를 하는데 일생을 바치는 분들도 있지만 그의 『고백록』이나 『신의 도성』에 집중되는 경향이 있습니다. 그의 주요 저서들을 중심으로 하는 이런 연구서들의 도움을 통해서만으로도 독자들은 그에 관한 상당한 지식을 가질 수 있습니다. 하지만 아쉬운 점들도 있습니다. 그의 생애 전반을 다루면서 그의 다른 책들인 『자유의지론』, 『참된 종교에 관하여』, 『삼위일체에 관하여』, 펠라기안 논박서들인 『영과 문자』, 『자연과 은혜』 등의 책들에 대해서도 소개했으면 좋겠다는 생각이 들기 때문입니다.

개신교의 신학자들 중에서 이런 아쉬운 점을 보완하면서 아우구스티누스에 관한 뛰어난 전기를 쓴 작가들이 있습니다. 제 경우에서는 브라운(Peter Brown) 같은 학자가 최고라는 생각이 들었습니다. 그는 상당한 분량의 전기를 통해 아우구스티누스에 관하여 일반 독자들이 알지 못했던 중요한 내용들을 많이 알려 주므로 독자가 단 한 권의 전기를 읽으려

한다면 이 책을 권하고 싶습니다. 저 역시 이 책을 쓸 때, 브라운의 책을 가장 많이 참고하였고 아우구스티누스의 생애의 초기를 다루는 책의 앞부분에서는 그의 책을 가장 많이 인용하였습니다. 물론 제 책의 뒷부분의 아우구스티누스의 저작들을 다룰 때는, 대체로 아우구스티누스 자신의 주요 저서들을 라틴어 원문과 라-한 대역 판을 보면서 써 나갔습니다.

저는 『들어서 읽어라』라는 이 책을 통하여 아우구스티누스의 생애를, 그가 태어날 때부터 죽을 때까지 시간적인 순서로 써 나가면서, 중간중간 시기별로 그가 썼던 중요한 책들을 소개하고, 그가 그 시대의 교회의 적들과 어떤 논쟁들을 벌였고 그런 논쟁들의 쟁점들이 무엇인지에 대하여 핵심 내용을 전달하려 애를 썼습니다.

이 책을 쓸 때, 저는 먼저 가능한 짧게 쓰되 독자들이 이해하기 쉽도록 명료하게 그러면서도 내용이 가볍다는 생각을 하지 않도록 쓰려 했습니다. 그리고 그의 주요 저서들의 내용을 대충이라도 파악하도록 하는 데 주안점을 두었는데, 이는 이 책을 읽는 독자들이 아우구스티누스의 신학 사상을 나름대로 객관적으로 파악하도록 돕기 위해서였습니다. 본명인 아우구스티누스(Augustinus)라고 쓸까 아니면 영어식으로 어거스틴(Augustin)이라고 쓸까 고민하다가, 아우구스티누스가 즐겨 썼던 언어가 라틴어였으므로 그의 본명대로 아우구스티누스라고 쓰기로 확정했습니다.

제목을 『들어서 읽어라』라고 정한 이유는 그가 방황을 끝내게 된 결정적인 이유가 밀라노의 자택에서 "들어라(tolle) 읽어라(lege), 들어라(tolle) 읽어라(lege)"는 아이들의 노랫소리를 듣고 방으로 돌아가서 성경을 들어서 읽으므로 끝낼 수 있었기 때문입니다. 이 책을 쓸 때, 서너 시간이면 읽을 수 있게 짧게 쓴 목적도 너무 양이 많으면 읽다 덮어 놓고 또다시 방황할 수 있으므로 들어서 단숨에 읽고 결단을 하도록 하기 위함이었습니다.

하루에도 수백 권의 책들이 쏟아져 나오는 책의 홍수 시대임에도 여전히 진리에 목말라하는 구도자들이, 진리를 찾아 방황할 때의 아우구스티누스처럼 이 책을 들어서 읽고 방황을 끝내고 확신의 길로 들어서길 소망해 봅니다.

2024. 2. 10.
분당 두레교회 목양실에서

추천사

어거스틴 혹은 아우구스티누스(Augustine/Augustinus, 354-430)는 사도 바울 이후 최초 최대 최고의 신학자로 구교와 신교 양자에 의해 인정받고 존경받아 왔습니다. 한스 큉은 어거스틴을 "모든 서양 라틴 신학의 아버지"라고 칭하였는가 하면, 실존철학의 거두 칼 야스퍼스는 플라톤과 칸트와 더불어서 아우구스티누스를 근원에서 사유한 3대 철학자로 꼽았습니다. 또한 대니얼 윌리엄스는 "화이트헤드 교수의 말처럼 서양 철학이 플라톤에 대한 일련의 각주라고 말할 수 있듯이, 서구 기독교 신학도 아우구스티누스의 각주라고 말할 수 있다."라고 올바르게 평가하였습니다. 이렇듯 높은 평가를 받는 신학자요 철학자였기에, 전집 간행이나 번역서 간행이 쉽지 않으며, 또한 연구 문헌들도 태산을 이루고 있다고 할 수가 있습니다. 이미 국내에도 구교와 신교 양 진영에서 그의 주요 저술들을 번역해 내었고, 국내 학자들에 의한 연구서들도 수다하게 출간되어 있습니다. 개혁신학을 연구하고 가르치고 있는 추천인 역시도 전공과 관계없이 자주 아우구스티누스라고 하는 근원으로 되돌아가곤 합니다. 그리고 때가 되면 어떤 종류의 책이든 한 권쯤 그에 대한 책을 써 보고 싶다는 생각도 간절합니다.

16년간 독일 베를린에서 마르틴 루터의 십자가의 신학을 연구하여 박사논문을 쓰셨고, 귀국 후 분당 두레교회 목회사역과 더불어 루터에 관한 3부작, 현대신학에 대한 3부작, 그리고 요한복음 초반부 강해서를 출간한 김용주 박사님께서 이번에 아우구스티누스에 관한 입문서(Einführung)를 집필하여 출간하게 된 것을 축하드리고 기쁘게 독자들에게 권독하는 바입니다. 본서에서 저자는 아우구스티누스의 생애를 네 단계로 나누고, 각 단계에 관련된 주요 저술들에 대한 입문적 안내를 해 주고 있기 때문에, 아우구스티누스의 생애와 신학 사상에 대하여 입문하고자 하는 초심자들에게는 아주 적절한 안내서가 되어 줄 것이고, 이미 그의 생애와 신학에 대한 연구를 제법해 본 독자라고 하더라도 다시 한번 핵심 알짬이 무엇인지를 재검토해 볼 수 있는 계기가 될 것입니다. 본서의 제목으로 삼으신 톨레 레게(tolle lege)라는 표현처럼, 본서를 집어 들고 읽어 보시기를 권합니다.

이상웅 교수(총신대학교 신학대학원 조직신학)

목 차

첫 번째 순례의 백미:
고백록(Confessio)

두 번째 순례:
히포(Hippo)의 감독으로의 취임과 초기의 주요 저서들

세 번째 순례:
히포의 감독으로서 당시 세력을 떨치던 이단들과의 논쟁

네 번째 순례:
마지막 대작인 신국론(De civitas dei)과 죽음

출생에서
고백록(confessio)을 쓸 때까지

1. 축구의 펠레와 같은 사람

아프리카의 알제리라는 나라는 국토 면적이 아프리카에서 두 번째로 큰 나라이지만 전 국토의 80퍼센트가 사막이고, 한때는 기독교 국가였지만 지금은 국민의 99퍼센트가 이슬람을 신봉하는 국가입니다. 이 나라는 세계적인 축구 선수 지네딘 지단을 배출한 나라이고 실존철학자인 알베르 까뮈와 르네 지라르를 배출한 나라이기도 합니다. 하지만 아주 옛날에 이 나라에는 앞에 언급한 이 세 사람들보다 훨씬 더 위대한 한 사람이 있었습니다. 바로 영어로는 어거스틴(Augustin)이고 라틴어로는 아우구스티누스(Augustinus)라고 불리는 사람입니다. 그는 알제리의 당시 지명인 누미디아 지방의 히포(Hippo)라는 지역의 가톨릭교회의 감독을 지냈을 뿐만 아니라, 초기 가톨릭교회의 신학을 정립시킨 사람이었습니다.

그는 축구로 비유하자면, 브라질의 펠레와 같은 사람입니다. 그는 그가 태어나기 이전의 4세기 동안이나 계속되었던 초대교회의 모든 신학적 논쟁을 종결짓고 초대교회 교부들의 신학 사상들을 완성시킨 사람이었고, 그 이후의 정통신학과 정통교회의 발전에 표준적인 신학자로 인정을 받았습니다. 트리엔트 공회의(1545-1563) 이후부터 로마 가톨릭교회는 이탈리아의 토마스 아퀴나스를 그 교회의 표준 신학자로서 확정했지만, 이 교회에서 아우구스티누스의 영향력은 여전합니다. 개신교 신학에서도 아우구스티누스의 위치는 역시 대단하여, 개신교의 창시자들인 루터와 칼빈의 신학의 기원을 아우구스티누스로 보는 데 이견이 없습니다. 특히, 이 두 신학자에게 결정적인 영향을 주었던『영과 문자』와 같은 책들은 아우구스티누스가 자신의 노년에 펠라기안 이단과의 논쟁을 하며 썼던 글들이었습니다. 개신교의 토대를 이루는 원칙들인 오대 솔라(Five solas)[1]는 그의 사상으로부터 유래했다고 말해도 과언이 아닙니다.

하지만 필자는 이렇게도 유명한 아우구스티누스가 우리 한국교회에서는 피상적으로만 알려져 있다는 생각을 떨쳐 버릴 수가 없습니다. 특히 강단의 설교자들이 아우구스티누스의 대표작인『고백록』(Confessio)을 자주 인용하고 있지만, 그들이 인용한 부분들을 자세히 검토해 보면 전체의 맥락을 무시하고 인용하는 경우들이 적지 않습니다. 이는 아우구스티누스가 회심하고 난 후에 그때까지의 자신의 신앙의 여정을 기록하고 있는『고백록』은, 그의 생애와 작품에 대한 이해가 깊지 않은 사람들이 이해하기가 쉽지 않은 문학적이요, 철학적이요, 신학적인 책이기 때문입니다.

일반 성도들은 이 책이 유명하기 때문에 들뜬 마음으로 들어서 읽기 시작하지만, 이 책에 나오는 고도의 수사학적인 표현과 저자의 박학다식한 인문학적인 지식들을 대하다 보면, "이 책 정말 이해하기 쉽지 않네."라고 말하며 고개를 절레절레 흔듭니다. 예를 들면, 그의 시간과 기억에 대한 통찰, 플라톤 철학에 대한 이해 그리고 마니교 등의 종교철학적 지식을 대하다 보면, 그의『고백록』이 결코 쉬운 책이 아니라고 생각하지 않

---

1 오직 은혜로(sola gratia), 오직 그리스도를 통해서(solo Christo), 오직 믿음으로(sola fide), 오직 말씀을 통해서(solo verbo), 오직 하나님의 영광을 위해서(soli Deo gloria)

을 수 없게 됩니다. 그래서 이 책 전체를 분석할 생각을 하지 못하고 이 책 중에서 유명한 문장들을 골라서 인용하는 것으로 끝나기가 일쑤입니다. 그러므로 우리가 이『고백록』을 이해하기 위해서는 사전 지식이 많이 필요합니다. 특히 그가 이『고백록』을 쓸 때까지의 초기의 생애를 아는 것이 매우 중요합니다.

2. 마마보이

아우구스티누스는 지금의 알제리의 수크아라스에서, 당시 이름으로는 타가스테라 불리우는 지역에서 태어났습니다. 타가스테는 아프리카의 변방에 위치한 고원지대였고 행정적으로는 누미디아의 통치를 받았던 옛 누미디아 왕국에 속해 있었습니다. 그의 어머니의 이름은 모니카였습니다. 모니카는 그를 23세에 낳았고, 그는 2남 2녀 중에서 장남으로 태어났습니다. 그의 아버지 파트리키우스(Patricius)는 이교도로서 가난한 소시민이었습니다.

아버지는 그의 어머니 모니카만큼 아우구스티누스의 생애에 결정적인 영향을 미치지는 못했지만, 그의 장남의 장래에 대하여서 큰 기대를 가지고 있었고 그의 앞길을 열어 주기 위해서 발 벗고 나서서 자신이 할 수 있는 최선을 다해서 후원을 했습니다. 특히, 그 당시 아프리카의 카르타고는 로마제국에서 두 번째로 큰 도시였으므로 아들이 그곳으로 가서 당시 사람들이 출세의 관문으로 생각했던 법학 교육을 받고 법률가로서 일하기를 바랐습니다. 그는 그의 아들이 17세가 되던 해에 마침내 아들을 카르타고로 보내며 그에게 큰 기대를 걸었는데, 애석하게도 아들을 보낸 후 1년 만에 아들의 성공을 보지 못하고 생을 마감했습니다. 그는 일평생을 교회 옆을 맴도는 이교도로 살았지만 그의 인생의 마지막 시간들을 힘들게 보내면서 모니카의 기도와 헌신으로 결국은 예수님을 영접하고 그리스도인으로 죽었습니다.

아우구스티누스의 어머니 모니카는 열렬한 그리스도인이었습니다. 모니카는 아들이 태어나서 죽는 날까지 오직 아들만을 위해서 태어난 사람처럼 자신의 온 생을 아들을 위해 헌신했던 억척스런 어머니였습니다. 아우구스티누스가 그의 『고백록』에서 어머니는 세상의 모든 어머니가 그러하듯이 나를 옆에 잡아 두기를 좋아하였으나, 여느 어머니보다도 유별났고 행여나 자신이 곁길로 가면 해산의 진통을 겪는 것처럼 괴로워했다고 회고할 정도였습니다.[2] 그녀는 아들을 가톨릭 신앙으로 키우기를 원했고 이 교회를 위해서 아들이 헌신해 주기를 평생 동안 기도했습니다. 아들을 학교에 보내서 당시의 고전 교육을 받기를 원했던 것도 이런 동기 때문이었습니다.

모니카가 아들을 어떻게 키웠는지에 대한 얘기들은 다른 데서가 아니라 아우구스티누스 자신이 직접 쓴 『고백록』을 통해서 가장 잘 알 수 있습니다. 그가 『고백록』에서 그의 어머니를 얼마나 높이고 찬양하는지, 독자는 과연 이 책이 하나님을 찬양하는 책인지 모니카를 찬양하는 책인지를 구분하기 어려울 정도로, 그는 어머니로부터 큰 영향을 받았습니다. 그가 인생의 중대한 시간들에 어머니 모니카가 꾸었던 꿈을 얼마나 신뢰했는지 『고백록』을 읽어 보면 잘 알 수 있습니다. 그는 일생 동안 모니카의 말에 아주 드물게만 순종하지 않았지만 대부분 그녀의 말에 순종했습

---

2 아우구스티누스가 어머니를 회고하는 부분은 『고백록』 제9권 제8장에서 제13장까지에 걸쳐 기록되어 있다. Augustinus, Bekenntnisse, Lateinisch und Deutsch, Erste Auflage, Insel Verlag, Frankfurt am Main 1987, IX, 8-13, 450-483.

니다. 그는 오늘날 유행하는 말로 쓰자면 어머니 치맛자락 속에서 헤어나오지 못하는 마마보이였습니다. 아우구스티누스 전기를 썼던 브라운 (Peter Brown)은 이렇게 말합니다. "나중에 이르러서 어거스틴은 모니카가 자기를 삼킬 듯이 사랑하는 데에는 '숭고하지 못한 욕심'의 요소가 있다는 것을 깨달았다. 그럼에도 불구하고 어머니는 항상 옳았으며, 어머니는 그의 어린 시절에 그에게 있어서는 하나님의 목소리였다".[3] 그는 마마보이였지만 아들을 오직 하나님의 종을 만들려는 거룩한 열망을 가진 어머니의 품에서 자란 마마보이였습니다.

---

3 Peter Brown, Augustine of Hippo: A Biography, University of California Press, California and London, 2000, 18.

3. 타가스테서의 교육, 방황
   그리고 카르타고 유학생활

아우구스티누스가 교육을 받은 과정을 살펴보면, 그는 전형적인 로마식 교육을 받았습니다. 그는 국민 서사시 『아이네이스』를 써서 로마인들로부터 큰 사랑을 받았던 베르길리우스(Vergilius: 영어로는 Virgil)의 책을 거의 외우다시피 했고 라틴 고전들을 충실히 공부해서 그의 나이에 배워야 할 내용들을 충분히 습득했습니다. 그는 어린 시절에 특히 웅변에 뛰어나서 학교에서 상을 받을 정도의 실력을 갖추었습니다. 나중에 그의 직업이 될 수사학 교수의 자질이 이 시기에 벌써 나타났던 것입니다. 그는 15세에 타가스테에서의 교육을 모두 마쳤으나 졸업 후에 다시 집으로 돌아와서 1년 동안 머무르게 되었는데, 이는 아버지가 그를 카르타고로 보내기 위해 돈을 모아야 했기 때문이었습니다.

하지만 만사가 우리의 뜻하는 대로 되지 않듯이, 아우구스티누스도 카르타고로 가기 위해 기다리는 시간에 방황하기 시작했습니다. 지금까지 공부로써 성공을 해야 한다는 압박감으로 짓눌림을 받던 그는 고향에 어머니와 함께 머무는 시간 동안 갑작스럽게 때늦은 사춘기를 맞이하면서 분노를 표출하고 소란을 피우기도 하였으며, 자기 또래의 여자 아이들과도 어울리면서 어머니 속을 썩이기 시작했으므로, 어머니가 그에게 평판이 좋지 않은 여자 아이들하고 놀아서는 안 된다고 경고를 할 정도였습니다. 하지만 그는 이 절망적인 방황의 한 해를 끝내고, 그가 17세가 되었을 때 드디어 타가스테를 떠나 마침내 아프리카 최대의 도시 카르타고에 도착하였고 거기에서 수사학 학교에 입학해서 수사학을 공부합니다.[4]

당시는 수사학 전성시대였습니다. 신학 공부를 하신 분들은 카르타고의 감독 터툴리안을 기억할 것입니다. 터툴리안 역시 가톨릭교회의 감독이 되기 전에 직업이 변호사였습니다. 수사학은 법관이 되기 위한 예비지식 중에서 가장 중요한 학문이었습니다. 아우구스티누스는 이때에 이미 말을 논리적으로 잘하기로 소문이 났습니다. 이런 탁월한 웅변 실력으로 인해서 변호사를 꿈꾸는 그의 장래는 매우 밝았습니다.

하지만 그가 카르타고에서 생활하고 있을 때, 그의 인생에 지속적으로 영향을 미칠 중대한 일이 발생합니다. 그가 18세나 혹은 19세가 되었을 때, 거기서 한 아프리카 여자를 만나서 동거하게 되었고 아데오다투스(Adeodatus)라는 사내아이도 낳게 됩니다. 그에게 이런 일이 일찍 일어나게 된 원인은 여러 가지가 있겠지만 무엇보다 당시의 카르타고의 문화환경의 영향 때문이었습니다. 카르타고는 로마 제국의 두 번째 도시답게 수많은 젊은이들이 몰려들었고, 젊은 청춘들이 몰려들다 보니 폭력과 성적인 타락이 심각해서, 아우구스티누스 자신이 나중에 "나는 불법적인 사랑의 솥단지가 주변에서 들끓고 있는 카르타고에 도착하였다."[5]라고 회고할 정도였습니다.

아우구스티누스 역시 그 시대의 문화를 탐닉하면서 살았고 그의 욕망

---

4 Brown, Augustine of Hippo, 23-26: Brown 책을 인용할 때에는 페이지로만 인용하고 따옴표는 특별한 경우를 제외하고는 생략함을 알려 드립니다.

5 Brown, Augustine of Hippo, 27.

을 불태울 사랑을 하고 싶은 깊은 열망을 가지게 됩니다. 『고백록』에서 이때 자신이 그런 사랑을 얼마나 원했는지를 다음과 같이 고백합니다. "내가 가장 간절하게 소원하는 것은 사랑한다는 것이며 또한 사랑받는 것이었다. … 그러나 무엇보다도 나를 사랑하는 사람으로부터 육체적인 즐거움을 얻는 것을 필요로 했다. … 나는 사랑에 깊이 빠져서 헤어 나올 줄 몰랐으며, 더욱더 깊이 사랑에 빠져들려고 하였다. … 다행히도 나는 나를 둘러싼 고통스러운 결속력에 단단히 붙들렸다. 그리고 나는 질투의 뜨거운 쇠막대기로 의심과 두려움, 분노와 논쟁의 화염으로 두들겨 맞았으며, 그것은 당연한 결과였다."[6] 아우구스티누스는 당시에 유행하였던 극장을 드나드는 취미를 갖게 되었는데, 특히 연극의 이별의 장면을 보면서 자주 울었습니다. 나중에 그는 자신이 불행한 젊은이로서 눈물을 좋아하였으며 조용한 곳을 찾아가서 실컷 눈물을 흘리곤 하였다고 술회할 정도였습니다. 하지만 그는 이런 방황에도 불구하고 자신의 학업에는 충실하였고 수사학교에서 가장 우수한 학생이 되었고 미래의 수사학자로서의 실력을 탄탄히 쌓아 가고 있었습니다.

오늘날 한국의 일부 설교자들은 대개 이 시기에 있었던 일을 콕 집어서 아우구스티누스의 방탕과 타락에 대하여 설교를 하곤 하는데, 전후관계를 잘 파악하지 못하고 설교를 하는 경우들이 종종 있습니다. 방탕아 아우구스티누스라는 말을 쓸 수는 있지만, 당시 상황은 지금 상황과 좀 다른 점이 있다는 사실도 고려해야 합니다. 당시에는 출세하는 사람들의 특징 중 하나가 내연녀를 가지는 것이 관행이었다고 합니다. 브라운은 다음과 같이 말합니다. "어거스틴은 이 시기에 '2급의 결혼 생활'(second

---

6 Bekenntnisse, III, 1-3, 96-103.

class marriage)에 빠져들었다. 그는 그때부터 이름이 알려지지 않은 여인을 15년 동안이나 내연의 처로 맞이하였는데, 이것은 후기 로마제국의 신예 교수가 되기 위한 나무랄 데 없이 완벽한 준비였다. 그는 이러한 방법으로 원했던 것을 획득하였으며 마침내 결혼의 해변에서 목욕할 수 있었다."[7] 그는 이런 제2급의 결혼 생활을 하였지만 이런 상황에서도 공부하는 일을 결코 게을리 하지 않았습니다.

오늘날 우리가 방탕한 아우구스티누스를 말할 때 그를 신약의 탕자와 같이 생각하는 경향이 있습니다. 그가 십 대에 동거를 했기 때문에, 그 역시 예수님께서 소위 탕자의 비유에서 언급하셨던 탕자와 같이 허랑방탕했을 것이고 따라서 학문도 내팽개쳤을 것이라고 생각합니다. 하지만 그는 이런 동거 생활에도 불구하고 학문에 대한 열정은 식을 줄 몰랐고 수사학 분야에서 그 시대의 학생들 중에서 최정상에 올라섭니다. 이와 더불어 그의 부모가 그토록 바랐던 법률가의 길도 조금씩 열려 가고 있었습니다.

하지만 그가 373년 19세의 나이가 되었을 때에, 자신도 전혀 예상하지 못했던 일이 그에게 일어납니다. 그의 인생의 첫 번째 회심이 일어납니다. 하지만 그의 회심은 "하나님께로 돌아가는 회심"이 아니라, "진리에게로 돌아가는 회심"이었습니다. 바로 로마의 웅변가 키케로(Cicero)의 책 『호르텐시우스』(The Hortensius)를 통해서였습니다.

---

7 Brown, Augustine of Hippo, 27.

4. 호르텐시우스를 통하여
삶의 목표를 바꿈

키케로는 이 책을 통하여 세속적 야망을 성취하기 위하여 공부하는 사람들에게 지혜를 찾는 것이 우선적인 일임을 경성시키고 있습니다. 그는 이 책에서, 본래 영원하고 신적인 우리의 영은 비록 지금은 육신을 입고 악덕에 사로잡혀 있지만 지혜를 추구함을 통하여 상승해서 하늘로 돌아갈 것이라고 가르칩니다. 그의 이런 생각은 아우구스티누스가 지금까지 자신의 내면에서 고민했던 생각들과 많이 일치하였으므로, 그는 이 책에 빠져들게 됩니다. 아우구스티누스는 이 책을 접하면서 자신의 삶의 방향과 목표를 완전히 새롭게 정하게 되었고, 이제 더 이상 아버지의 뜻대로 법관이 되겠다는 생각을 버리고 지혜를 추구하는 삶으로 정진하고자 다짐합니다. 『고백록』에서, 그는 이때의 자신의 심경을 다음과 같이 적고 있습니다.

"나의 일생에서 가장 불안정했던 시기라고 할 수 있는 이때에, 나는 그런 자들과 함께 웅변술에 관한 책들(libros eloquentiae)을 배웠는데, 인간적인 헛된 영광을 기뻐하고 추구하는 허영심에 사로잡혀서, 웅변술에 뛰어난 사람이 되고자 하는 것이 나의 목적이었습니다. 학교에서 정한 교과과정을 따라 공부하다가,

나는 우연히 키케로가 쓴 어떤 책을 발견하게 되었습니다. 당시에 키케로의 정신이나 영혼은 아닐지라도, 적어도 그의 언변은 거의 모든 세상 사람들로부터 칭송을 받고 있었습니다. 내가 접한 책은『호르텐시우스』라고 불린 책으로써, 사람들에게 철학을 권유하는 내용이 담겨 있었습니다. 그 책은 내 마음을 바꾸어 놓아서, 나로 하여금 주님을 향하여 기도하게 만들었고, 이전과는 다른 희망과 소원을 갖게 해 주었습니다. 갑자기 내가 지금까지 지니고 있던 온갖 헛된 희망들이 전혀 가치 없는 것으로 생각되었고, 불멸의 지혜를 추구하고자 하는 열망이 내 마음속에서 믿을 수 없을 정도로 강렬하게 불타올라서, 나는 주님께로 돌아가기 위하여 일어서기 시작하였습니다. 이것은 내 나이가 19세가 되던 때의 일이었습니다.”[8]

이런 결심을 한 후에, 그의 마음속에는 땅에 속한 일들을 훌훌 떨쳐 버리고 날아올라서 다시 주님께로 돌아가고 싶어서, 이런저런 학파를 따지지 않고 지혜 자체를 사랑하여 지혜를 담고 있는 글이라면 어느 학파의 것이든 다 탐독하여 자기 것으로 받아들이고자 하는 열망이 불타올랐습니다. 하지만 그는 그런 철학 책들 속에는 그리스도라는 이름이 빠져 있었음으로 그 책들이 자신의 마음을 완전히 사로잡지는 못했다고 고백합니다.[9]

그래서 그는 이제 그런 지혜를 자신이 어릴 때부터 몸담아 왔던 가톨

---

8 Bekenntnisse, III, 4, 104-107.

9 Bekenntnisse, III, 4, 106-107.

릭교회에서 찾아보려고 합니다. 그는 그런 지혜를 성경에서 찾아보기로 결심하고 성경을 손에 잡습니다. "그래서 나는 내 마음을 성경으로 돌려서, 성경은 도대체 무엇이라고 말하고 있는지를 알아보기로 작정하였습니다."[10] 하지만 그는, 에어푸르트에 있던 어거스틴 은자(隱者) 수도원에서 성경을 잡으면서 회심의 길로 바로 들어섰던 종교 개혁자 루터와는 달리, 성경 안에서 그런 지혜를 찾을 수 없었으므로 크게 실망합니다. 그는 "하지만 막상 성경 속으로 들어가 보니 거기에 있는 말씀들은 신비에 싸여 있어서, 교만한 자들에게는 무슨 말인지 알 수가 없어 보이고 어린아이들에게는 확연히 드러나지 않았으며, 처음에 들어가는 길은 쉬어 보이지만 그 길을 따라 올라갈수록 가파르고 그 끝이 보이지 않았습니다."[11]라고 실망 가득한 고백을 합니다.

그 당시 아우구스티누스가 성경 속에서 지혜를 찾지 못하게 된 데는, 그가 읽었던 아프리카어 성경의 조야한 번역 때문이기도 했습니다. 그가 들고 읽었던 아프리카어 성경은 이름도 없는 소시민 계층의 문장가에 의해서 번역되었으므로 속어와 은어로 가득 차 있었고, 그 자신이 『고백록』에서 "키케로의 장엄하고 웅장한 문체에 비하면 성경의 문체는 너무나 보잘것없고 형편없어 보였다."[12]고 탄식할 정도였습니다. 성경은 키케로가 사랑하라고 말한 차원 높은 영적 지혜와는 너무도 거리가 멀었습니다. 특히 구약성경에 대하여 크게 실망하였는데, 구약성경은 세속적이며 부도덕한 이야기로 주렁주렁하다는 생각이 들었기 때문입니다. 그는 심지

---

10 Bekenntnisse, III, 4, 108-109.

11 Bekenntnisse, III, 4, 108-109.

12 Bekenntnisse, III, 4, 108-109.

어 신약성경에서도 지혜 자체이신 그리스도께서 지루하고 모순된 족보로부터 소개되어 있음으로 크게 실망하였습니다. 이런 이유들로 인해서 그는 당시의 가톨릭교회 안에서 가르쳐 준 가르침 속에서도 소망을 가질 수 없었습니다.

그는 또한 그 당시 아프리카 교회의 과도한 율법주의에도 실망했습니다. 율법과 계율들 그리고 교회가 정해 놓은 규례들로 성도들을 숨을 못 쉬게 하는 그런 교회는 이성을 사용하여 자유스럽게 지혜를 추구하고 싶은 자신과 전혀 맞지 않았습니다. 그런데 그가 이렇게 성경과 교회 안에서 지혜를 찾을 수 없음에 대하여 절망하고 있을 때, 그로 하여금 그런 지혜를 추구하도록 자극하는 한 그룹을 발견하게 됩니다. 이 그룹의 사람들은 기독교를 조야하고 율법주의 적이라고 비판했고, 특히 비윤리적이고 비합리적으로 보이는 구약의 하나님에 대하여서 강하게 비판했습니다. 이들은 성경을 이성을 통하여 합리적으로 해석하지 않기 때문에 이런 문제들이 발생한다고 주장하면서, 아우구스티누스 자신이 아무리 풀려고 해도 풀지 못했던 문제인 '악의 기원'에 대하여서도 합리적인 설명을 제공해 주었습니다. 그래서 그 시대의 많은 지성인들이 이 새로운 그룹에 기대를 걸고 거기서 인간을 구원하는 지혜를 찾고자 했던 것처럼, 자신도 그런 지혜를 찾고자 하여 이 그룹에 깊은 관심을 갖습니다. 이런 새로운 흐름을 만들었던 그룹이 바로 교주 마니(Mani)의 가르침을 따르는 마니교도들이었습니다.

5. 마니교의 청문자가 되다

마니교의 창시자는 자칭 '예수 그리스도의 사도'라고 주장하는 마니였습니다. 마니는 그가 전하는 메시지를 메소포타미아에서 받았으며, 그 지역의 많은 민중들에게 영향을 끼치다가 추후 276년 페르시아 정부에 의해 처형을 당했다고 알려져 있습니다. 마니의 가르침은 그가 죽은 이후에 그의 추종자들을 통하여 페르시아를 넘어 중국에까지 확산되었습니다. 마니교의 선교사들은, 창시자인 마니가 하나님과 인간과 우주의 진정한 본성을 직접적으로 계시해 주는 위대한 책자를 받아 그것을 온 세상에 보내서 오직 하나만 존재하는 우주적인 참된 교회를 세우라고 명령하였다고 전했습니다. 그들은 자신들만이 지금까지 부분적으로 그리고 그릇되게 가르쳐 오던 모든 종파들을, 말하자면 로마세계의 기독교 복음주의, 페르시아의 조로아스터, 그리고 중앙아시아의 부처를 연합시킬 수 있으며, 더 나아가 그들에게 초월적 지혜를 가르칠 수 있다고 주장했습니다.

이 마니교 선교사들이 주후 297년에 아프리카의 카르타고에 도착하였습니다. 이들은 선택된 자들(The Elect)이라고 불리는 마니교의 엘리트 그룹에 속한 자들로서, 이 진리에 대하여 배우고자 하는 청문자(Hearer)들을 끌어들였습니다. 이 사람들은 저항할 수 없는 신비스러운 분위기를 조성하며 복잡하게 구성된 비밀스러운 기도를 드렸고, 화려하게 장식된

양피지에 기록된 마니의 어록을 가지고 있었습니다. 마니교도들은 빛과 어두움이라고 말하는 개념 속에 가려진 깊은 영적 메시지를 통하여 더욱 신비로운 분위기를 고조시켰으므로, 많은 사람들이 그들의 가르침들에 귀를 기울였고 마니교도들이 되었습니다. 진리에 대하여 목말라하던 아우구스티누스도 마니교의 이런 매력에 빠져서 마니교의 청문자가 되어 무려 9년 동안이나 이 교에 탐닉합니다.

그러면 아우구스티누스는 왜 마니교에 빠지게 되었을까요? 아우구스티누스가 생각할 때, 이 집단이야말로 자신이 종교철학으로 개종하면서부터 갖게 된 심각한 고민, 즉 "인간은 무슨 원인으로부터 악을 범하게 되는가?"에 대하여 확실한 대답을 줄 수 있는 것처럼 보였기 때문입니다. 악의 문제에 대한 마니교의 대답이야말로 젊은 아우구스티누스가 마니교에 빠지게 된 가장 중요한 이유였습니다. 마니교도들은 자신의 한쪽 부분, 즉 착한 영혼을 자신과 동일시하는 반면, 자신의 상당히 많은 부분은, 즉 그의 자신의 욕정들의 긴장들, 자신의 분노, 자신의 성욕, 자신 밖에서 이빨과 발톱 속에서 붉어진 본성의 광활하고 오염시키는 세계 등은 이러한 순수의 오아시스에 속해 있지 않음이 명백하다고 가르쳤습니다.[13]

인간의 안과 자신을 둘러싼 세계 안에 선과 악이 긴밀하게 뒤섞여 있으므로 악이 결국은 하나님으로부터 온다는 생각이, 합리적인 사고를 하는 사람에게는 모순되게 보였을 것이고, 또한 신앙적인 사람에게는 철저하게 거부감이 드는 생각이었을 것인데, 마니교의 가르침이 이 문제를 깔끔하게 해결해 주는 것 같아 그는 이 가르침에 만족했습니다. 그는 마니교를 통하여 하나님은 선하시고 전적으로 무죄하시며, 하나님은 악에 대

---

13 Brown, Augustine of Hippo, 36.

한 직접적 혹은 간접적인 책임을 지실 수 있다는 가장 가느다란 가능성으로부터도 보호를 받으셔야 한다고 생각하게 되었습니다. 말하자면, 그는 마니교의 선악 이원론(善惡 二元論)을 받아들인 것입니다. 마니교도들이 악은 선한 하나님으로부터 올 수 없으며 적대적인 악의 세력인 어두움의 왕국이 빛의 왕국과 동등한 세력과 영원성과 개별적인 분리성을 갖고서 선한 세계인 빛의 왕국을 공격하는 데서 비롯된다고 주장하였기 때문입니다.[14] 그러면 이들은 구원은 어떻게 이해했을까요?

파우스투스와 같은 마니교의 선생들은 이러한 모든 사항들이 인간을 무섭게 짓누르고 있음으로, 인간은 한편으로는 금욕적인 예전을 통하여 악의 세력인 육체를 억누르고, 다른 한편으로는 자신 안에 아직 오염되지 않은 채 남아 있는 선한 영혼이 사물의 원인을 파악해서 고통이 없는 본래적인 완전의 세계로 되돌아가 빛의 왕국 속에서 살도록 해야 한다고 가르쳤습니다. 하지만 이런 악의 세력에서 벗어날 수 있기 위해서는 사물의 원인을 알려 주는 영지(靈知: Gnosis)를 알아야 한다고 강조했습니다. 이런 점에서 마니교는 영지주의의 분파라고 볼 수 있습니다.[15] 그래서 마니교도들은 성경뿐만 아니라 다른 모든 종교경전들을 연구하여 이 원인을 알아내려고 하였습니다.

아우구스티누스는 이제 마니교도들의 선례에 따라서 오로지 이성에 의해서 자신의 신앙의 근본적인 교리까지 파악할 수 있다고 생각하였습니다. 그는 마니교의 선택자(The Elected)가 되지는 않았지만, 마니교를 통하여 진리를 더욱 깊이 추구하는 사람이 되기로 결심하고 아직도 미련

---

14 Brown, Augustine of Hippo, 35-37.

15 Brown, Augustine of Hippo, 43-49.

을 버리고 있지 못했던 법률가로서의 꿈을 완전히 버렸습니다. 아우구스티누스는 마니교를 통하여 무엇보다 구약성경의 무서운 아버지 모습을 버리고 싶었습니다. 마니교에서는 악은 절대로 선한 하나님으로부터 나오지 않는다고 가르쳤기 때문입니다. 그는 비록 청문자였지만 마니교도가 되었습니다. 그는 그 시대에 가톨릭교회와 아프리카 사회가 혐오하던 마니교도가 되어서 다시 자신의 고향인 타가스테로 돌아갑니다.

6. 눈물로 기도하는 어머니의 아들은
   망하지 않는다

아우구스티누스는 마니교도로서 그의 고향 타가스테로 돌아왔습니다. 당시 아프리카에서 마니교도가 된다는 것은 매우 위험한 선택이었습니다. 특별히 가톨릭교회의 마니교에 대한 혐오와 핍박은 대단했습니다. 하지만 이런 타가스테의 분위기에도 불구하고 그는 마니교도로서 큰 어려움이 없이 지낼 수 있었습니다. 그곳에 마니교의 추종자들이 된 그의 친구들이 있어 그들과 어울려 여러 가지 철학적 문제들에 대한 토론을 하면서 보낼 수 있었기 때문입니다. 생활의 여유만을 생각한다면, 그는 자신의 고향에서 카르타고 수사학교 졸업생이라는 이력을 가지고 충분히 잘 살아갈 수 있었습니다.

하지만 갑자기 마니교도가 되어 집으로 돌아온 아들을 맞이하는 어머니 모니카는 근심이 이만저만이 아니었습니다. 어머니는 힘든 날들을 보내다가, 아들 문제에 대한 해답을 얻기 위해 자신이 출석하던 가톨릭교회의 주교에게 찾아가서 상담을 합니다. 그러자 그 주교는 다음과 같은 말들로 어머니를 위로합니다.

"한동안은 아드님을 그대로 내버려 두시고, 오직 아드님을 위해서 하나님께 기도하는 것만 하십시오. 아드님은 언젠가는 책들을 읽다가, 자기가 빠져 있는 마니교의 오류가 무엇인지를 스스로 알게 될 것이고, 그 이단과 자기가 하나님에 대하여 얼마나 지독한 불경죄를 범하고 있는 것 인지도 스스로 깨닫게 될 것입니다. … 눈물로 기도하는 어머니의 아들 은 결코 멸망하지 않을 것입니다."[16]

설교자들에 의해 자주 인용이 되고 있는 "눈물로 기도하는 어머니의 아들은 결코 멸망하지 않을 것입니다."라는 주교의 말을 듣고 그의 어머 니는 어느 정도의 위로를 받습니다.

그런데 고향에서 친구들과 행복한 시간들을 보내고 있던 아우구스티 누스에게 전혀 예상치 못했던 일이 일어났습니다. 그의 가장 친한 친구 가 갑자기 세상을 떠나게 되었습니다. 그런데 아우구스티누스에게 큰 충 격을 주었던 것은, 이 친구가 죽었기 때문만이 아니라 마니교도였던 그가 무의식 상태로 누워 있는 중에 가톨릭으로 개종을 하고 세례를 받았기 때 문이었습니다. 그는 그 친구에게, 의식이 깨어나지 않은 상태에서 받은 세례였음으로 세례를 취소하라고 말했지만, 이제 자신을 기독교인으로 고백하고 있던 그 친구는 도리어 이런 강요를 하는 그를 책망하였습니다. 이 일로 큰 충격을 받은 그는 고향을 떠날 결심을 하며 다시 카르타고로 떠납니다. 그때가 376년이었고 그의 나이가 22세가 되던 해였습니다.[17]

아우구스티누스는 카르타고의 도심부에서 수사학 선생으로 취직해서 학생들을 가르치기 시작했습니다. 하지만 그들은 결코 고분고분한 학생 들이 아니어서 가르치는 데 애를 먹었습니다. 그는 그리로 온 것을 후회

---

16 Bekenntnisse, III, 12, 134-135.

17 Brown, Augustine of Hippo, 52-53.

도 했지만, 가르치는 일을 시작한 지 얼마 안 되어서 학생들 사이에 잘 가
르치는 선생으로 소문이 나기 시작했고 이런 명성이 자신이 그토록 열망
했던 로마로 가는 길을 열어 주고 있었습니다. 그가 카르타고로 왔던 동
일한 해에 로마에서 한 총독이 부임했는데 그의 이름은 심마쿠스였습니
다. 그는 아우구스티누스의 명성을 듣고 그를 데려다가 지혜에 대한 대
화를 나누기 시작하였고 나중에는 자칭 '인류의 엘리트들'이라고 생각했
던 그와 그의 동료들의 모임의 회원으로 받아들였습니다. 아우구스티누
스는 심마쿠스 친구들의 자녀들의 가정교사로도 활동하는 등 로마의 저
명한 사람들과도 인맥을 쌓게 됩니다. 무엇보다 그가 그 도시에서 최고
의 인재를 뽑는 작곡-시(set-poem)상을 수상하면서 그의 명성은 더욱 커
져 갔고 궁정의사였던 빈디키아누스와도 인맥을 쌓게 됩니다.

　이때부터 그의 마음속에는 카르타고를 떠나 로마로 가고 싶은 열망이
타올랐습니다. 그가 결단의 시기를 저울질하고 있을 때 그의 절친들이었
던 알리피우스와 네브리디우스가 로마행을 결심했습니다. 여기에 자극
을 받은 그는 382년에 마침내 카르타고를 떠나고자 합니다.[18] 그 역시 제
국의 수도에서 수사학을 가르치고 싶었기 때문입니다. 아우구스티누스
는 이 중차대한 문제를 그의 어머니 모니카와 상의를 하지 않았지만 어머
니는 아들의 결심을 알게 되었고 어떻게 해서든 아들의 로마행을 막으려
했습니다. 아들이 로마로 가는 길은 출세의 길이었지만, 그가 아직 가톨
릭 신앙을 받아들이지 않은 상태이고 이단 종교인 마니교의 추종자로 살
아가고 있었기 때문이었습니다. 아우구스티누스는 이별 당시의 심정과
어머니가 보인 반응을 그의 『고백록』에서 다음과 같이 말합니다.

---

18 Brown, Augustine of Hippo, 54ff.

"마침내 순풍이 불어서, 우리가 타고 갈 배에 달려 있던 돛들이 일제히 부풀어 올랐고, 해안은 우리의 시야에서 멀어져 갔는데, 그날 아침에 어머니는 가슴이 메어지는 슬픔 가운데 바로 그 해안에 서서, 하소연과 탄식으로 주님의 귀를 가득 채우셨지만, 주님은 내 어머니의 기도를 들어주지 않으셨습니다. 반대로, 주님은 한편으로는 나의 욕망들을 끝장내시기 위하여 내가 욕망들에 이끌려 로마로 가는 것을 허락하셨고, 다른 한편으로는 어머니가 나에 대하여 육정으로 매달리신 부분들에 대해서는 가슴이 메어지는 슬픔으로 어머니를 징계하셨는데, 이것은 합당한 일이었습니다. 왜냐하면 어머니는 여느 어머니들과 마찬가지로 나와 함께 있기를 좋아하셨을 뿐만 아니라 그 정도가 지나쳐서, 주님께서 나로 하여금 어머니를 떠나게 하심으로써, 장차 어머니를 위해 더 큰 즐거움을 준비하고 계신다는 것도 알지 못하셨기 때문입니다. 어머니는 이것을 알지 못하셨기 때문에 소리 내어 통곡하셨고 슬픔과 고통 가운데서 낳은 자녀를 슬픔과 고통 가운데서 찾는 모습을 보이심으로써 하와로부터 물려받은 유산이 자신 속에도 존재한다는 사실을 증명하셨습니다. 하지만 어머니는 내가 어머니를 속이고 모질게 대한 것에 대하여 나를 나무라신 후에는 집으로 돌아가셔서 다시 나를 위한 중보기도를 주님께 계속해서 드리셨고, 나는 로마로 행하였습니다."[19]

---

19 Bekenntnisse, V, 8-9, 216-219.

7. 밀라노에서 수사학 교수가 되어
   황제의 곁으로

하지만 이렇게 고통스럽게 어머니를 뿌리치고 로마로 왔지만 아우구스티누스의 로마에서의 생활은 절망적이었습니다. 도착과 동시에 심각할 정도로 열병을 앓았기 때문이기도 했지만 로마의 학생들에 대한 실망 때문이었습니다. 로마의 학생들은 카르타고의 학생들과는 비교가 안 될 정도로 교양 있는 학생들일 것이라고 기대를 하고 왔었는데, 교습비를 떼먹는 학생들도 있었고 학습 태도 역시 그의 기대 이하였습니다. 설상가상으로 로마의 귀족들은 외국인 교수들을 자국의 춤꾼들보다 못한 대우를 하였음으로 그는 그리로 온 것을 후회하기 시작했습니다.

그런데 그의 꿈이 산산조각이 나고 있다고 생각할 그 시점에 그에게 행운이 찾아왔습니다. 그가 카르타고에 있을 때 그곳의 감독이었던 심마쿠스가 로마 시의 지사(Pretect)가 되어 있었습니다. 심마쿠스는 밀라노의 황궁에 거주하고 있던 로마 황제로부터 밀라노 시의 수사학 교수를 선발하라는 명령을 받았습니다. 당시에 수사학 교수는 황제와 그해의 집정관들(Consuls)을 위한 공식적인 찬양문을 작성해서 발표해야 했기 때문에 매우 중요한 자리였습니다. 수사학자는 황제와 궁정의 계획들을 알리기 위해 세심하게 신경을 써야 했는데, 이 일을 성공적으로 수행했을 때 여러가지 방법으로 '선전장관'(minister of Propaganda)의 직에까지 오를

수 있었습니다.[20]

심마쿠스는 이런 막중한 자리에 아직도 여전히 마니교도인 아우구스티누스를 천거하였습니다. 하지만 순조롭게 진행되던 밀라노 수사학 교수에 오르는 길에 장애가 나타났습니다. 당시 밀라노 교회의 감독으로서 황제와 밀라노 시민들에게 굉장한 영향력을 가지고 있었던 암브로시우스가 이 계획을 적극적으로 반대했는데, 이는 그가 아우구스티누스가 마니교도임을 알았기 때문입니다. 암브로시우스는 심마쿠스의 사촌이었음으로 심마쿠스의 천거를 도와줄 것 같았지만 도리어 황제에게 아우구스티누스의 수사학 교수 건을 막아 달라고 건의합니다. 그는 소년 황제인 발렌티아누스(Valentianus) 2세에게 직접 글을 올려서, 첫째로 황제가 가톨릭교회의 요리문답 교인이심을 명심하실 것을, 둘째로 '로마 국가의 신들은 마귀임을' 기억하실 것을, 셋째로 심마쿠스의 요청을 수락하신다면 그 황제가 암브로시우스의 교회에는 출입할 수 없다고 엄중하게 경고하였습니다. 하지만 암브로시우스의 이런 강력한 요청에도 불구하고 황제는 심마쿠스의 의견을 받아들였고, 아우구스티누스는 심마쿠스의 사람으로 결국 황제의 도시 밀라노로 입성하게 됩니다.[21]

밀라노는 당시의 학문과 문화의 중심 도시였습니다. "밀라노 르네상스"라는 말은 쓸 수 없지만, 황제의 궁정을 중심으로 각종 문화 활동을 할 수 있는 좋은 분위기가 형성되었으므로 시인들과 문인들 그리고 예술가들이 그리로 몰려들었습니다. 특히 희랍철학자들의 책은 밀라노 교회의 성직자들과 장원의 지주들까지도 탐독할 정도로 인기가 있었습니다. 밀

20 Brown, Augustine of Hippo, 58-59.

21 Brown, Augustine of Hippo, 59-60.

라노에 있었던 사람들은 새롭게 부흥된 플라톤 철학을 연구하였으며 고전적인 운율에 따라서 시를 쓰고 우주의 본성에 대하여 논의하였습니다. 아우구스티누스에게 있어 밀라노는 새로운 관심, 새로운 지식, 그리고 성공의 위대한 계기의 장소가 되었습니다.[22] 하지만 그곳에서 세상적인 성공을 기대하고 있던 그에게 그의 이러한 육적 욕망의 꿈을 꺾어 주고 대신에 영적인 성공을 거두게 할 한 사람이 기다리고 있었습니다. 놀랍게도 그가 수사학 교수로 밀라노에 오는 것을 적극적으로 반대했던 바로 그 감독 암브로시우스였습니다. 그는 『고백록』에서 다음과 같이 고백합니다. "나는 밀라노에 왔노라. 암브로시우스 감독님에게로(Et veni Mediolanium ad Ambrosium episcopum)."[23]

22 Brown, Augustine of Hippo, 61.

23 Bekenntnisse, V, 13, 232-233.

8. "나는 밀라노에 왔노라,
암브로시우스 감독님에게로"

이제 아우구스티누스의 인생의 두 번째 막(386-395)이 오릅니다. 그는 서기 384년 가을에 수사학 교수로 임명을 받아 밀라노에 도착합니다. 하지만 여기에서도 진리에 대한 탐구의 여정은 중단되지 않습니다. 그는 또다시 키케로를 읽기 시작합니다. 키케로는 진리에 대하여 확신을 가지고 있던 스토아주의자들에 대하여 회의주의적 입장을 가지고 있었던 신(新)아카데미 학파를 따르고 있었습니다. 아우구스티누스는, "지식이란 그처럼 용이하게 획득할 수 있는 어떤 것이 아니라고 주장"하는 신아카데미 학파의 회의주의에 심취하면서, 마니교가 기성품 지혜를 제공하고 있음을 알아차리게 되었습니다. 그는 이제 마니교보다는 이 철학이 제공하는 철학적 훈련에 매력을 느끼고 거기에 몰두하기 시작하였습니다.[24] 하지만 그는 얼마 되지 않아 회의를 통하여 진리에 도달할 수 있다는 이 학파의 주장에 대하여서도 회의가 들기 시작합니다. 왜냐하면 인간은 회의가 아니라 어떤 권위에 의해서 진리의 길에 이를 수 있는 또 다른 가능성도 있다는 생각이 떠올랐기 때문이었습니다.[25]

그리하여 아우구스티누스는 385년에 암브로시우스 감독이 목회하는

---

24 Brown, Augustine of Hippo, 69-70.

25 Brown, Augustine of Hippo, 70.

밀라노 교회에 출석하게 되었고 얼마 안 되어 이 교회의 '요리문답 교인'
이 되기로 결심합니다. 그가 교회에 출석하게 된 이유들이 여러 가지가
있겠지만 적어도 이때까지는 암브로시우스 감독으로부터 수사학의 기술
을 배우고 익혀서 출세를 하고 싶었기 때문입니다. 그가 이렇게 출세의
꿈을 꾸고 그 꿈을 실현시키기 위해서 교회에 나가고 있을 때, 어머니 모
니카가 아프리카를 떠나 밀라노로 옵니다. 아들의 꿈이 실현되도록 도와
주기 위해서였습니다.

어머니는 암브로시우스 감독의 설교에 흠뻑 젖어들게 되었고 당시 황
제에게 가장 큰 영향력을 행사했던 그 감독과 목회자와 성도로서 점점 가
까워져 가고 있었습니다. 그녀는 그의 아들을 그 위대한 감독과 친분을
쌓게 만들어 주기 위해 애를 썼고 기회를 엿보고 있었습니다. 어머니는
아들이 성공하기 위해서는 먼저 동거녀와의 관계가 정리되어야 한다고
생각했으므로 아들이 십 대 때부터 동거해 왔던 그 여자를 아프리카로 돌
려보냅니다. 그녀는 또한 밀라노 수사학교의 교수이면서 황제의 선전장
관직에까지 오른 성공한 아들이 결혼할 상대는 재산도 많고 지위가 높은
가문의 딸이 되어야 한다고 생각하여 암브로시우스 감독과 상의하여 부
유한 가톨릭교인의 상속녀와 결혼을 시키기로 하고 법적 절차를 밟아 나
갑니다. 하지만 이 결혼이 성사되기 위해서는 먼저 아우구스티누스가 세
례를 받아야 했습니다. 아우구스티누스가 요리문답 교인이 되었다고 해
서 아직 세례 교인이 된 것은 아니었습니다. 당시에는 세례를 받는 것은
세상과의 완전한 단절을 의미하는 것으로 보았음으로 확고한 결심이 서
기 전까지는 무기한 연기할 수 있었기 때문입니다.[26]

---

26 Brown, Augustine of Hippo, 70-71.

암브로시우스는 당시 밀라노의 유명 수사학 교수인 아우구스티누스가 요리문답 교인이 된 것을 공식적으로 환영하였으며, 아우구스티누스가 멀리서부터 기대하였던 것보다도 훨씬 더 사근사근하게 아버지 같은 모습으로 그를 맞이하여 주었습니다. 아우구스티누스는 그 감독에 대하여 처음에는 자기에게 친절을 베풀어 주었던 사람이기에 그를 좋아하게 되었지만, 그가 주일날 처음으로 그 감독의 설교를 들은 후부터는 그에 대하여 호의적인 감정을 더 많이 갖게 됩니다. 그가 암브로시우스 감독을 좋아하게 된 가장 큰 이유는, 그가 그리스 철학자들의 책들을 자유자재로 인용하면서 그들의 책에 나오는 말들과 성경을 절묘하게 연결시켜 주어 설명해 주었기 때문이었습니다.

특히 그는 암브로시우스의 설교가 아가서의 언어로 점철되었음에 놀랐습니다. 그는 나중에 그의 설교를 다음과 같이 회상합니다. "그의 설교는 아가서의 언어로 점철되었다. … '그의 입맞춤으로 나에게 입 맞추게 하라', 이것이 무슨 뜻입니까? 이제 교회를 생각해 봅시다. 헤아릴 수 없는 세월 동안 주님의 오심을 기다리지 않았습니까? … 영혼은 어떻습니까? 몸으로부터 자유롭게 떠올라서, 육체의 달콤한 쾌락과 욕정으로부터 돌이키고, 이 세속적인 삶의 모든 근심을 떨쳐 버렸습니다. 이제 육체는 하나님의 현존을 충만하게 호흡하기를 원하는데, 이것이 너무 지체됨으로써 마음 아프고, 괴로워하며, 사랑의 깊은 상처를 느끼고 있습니다. … 그래서 '그의 입맞춤으로 나에게 입 맞추게 하라고 말하지 않습니까?'라는 말로 그 원인과 조바심을 표현하지 않습니까?"[27]

암브로시우스는 성경의 구절들을 문자적으로 해석하기보다는 플라톤

27 Brown, Augustine of Hippo, 73.

철학의 영향 속에서 그리고 그의 영향을 받은 교부 오리겐의 영향을 받아 영적으로, 좀 더 구체적으로는 알레고리적으로 해석하였습니다. 하지만 아우구스티누스는 수사학 교수로서 수사학을 배우려는 목적으로 그의 설교를 들었기 때문에, 플라톤과 성경을 절묘하게 연결시키는 이런 특색 있는 설교가 좋았습니다. 그는 시간이 지나면서 암브로시우스의 설교에 더 깊이 빠져 들어갔고, 그의 설교는 한때 그가 쫓아 다녔던 마니교의 선생 파우스투스의 설교보다 논리적으로 더 완벽해 보인다는 생각까지 하였습니다.

그는 암브로시우스의 창세기 설교를 들으면서 마니교에 찌들려 있었던 자신의 생각이 잘못되었다는 생각을 하게 되었고 그토록 조야하게 보이던 구약성경과 족장들을 다른 각도에서 볼 수 있게 되었습니다. 그가 마니교에 몸담고 있을 동안에는 구역질 나고 혐오감 느껴지는 집합체처럼 보이던 사항들이 암브로시우스에 의해서 진정한 철학자의 논리 정연한 서술로 풀이되었으며, 하나하나가 지혜로 순화된 영혼의 상태를 상징한다는 사실을 알게 되었습니다. 즉 창세기를 문자적으로 해석했던 그가 이 책을 육체와 영혼이라는 알레고리로 풀게 되니까 완전히 다르게 다가오게 된 것입니다.

아우구스티누스가 볼 때, 암브로시우스의 설교는 철저히 저세상적 (other worldly)이었습니다. 그에게 있어서 사람은 그 사람의 영혼을 뜻했고 그의 육체는 주위 맞춘 의복에 불과하였습니다. 암브로시우스는 이렇게 말합니다. "우리 자신은 우리가 단순하게 소유하고 있는 그것과는 다르다. 사람은 그의 영혼을 거슬러 가면서 존재하기를 그쳤다. 영혼은 영혼의 소유자이신 하나님에게로 돌아가기 위해서, 마치 진흙을 씻어 내어 금을 찾듯이 모든 것을 집어던져야만 한다. 그 어떤 것도 중요하지 않다. 우리의 육체는 영혼의 수동적인 도구에 불과할 뿐이다. 원수는 바로 당신 안에, 당신의 오류의 원인은 바로 그곳 당신 안에 있으며 우리들이 스스로 우리 안에 보관하고 있다고 말할 수 있다."[28] 암브로시우스의 설교에는 하나의 사상이 흐르고 있었습니다. 구약성경의 불투명하고 무미건조한 문자 아래에 숨은 의미, 즉 성령이, 우리의 영혼에게 일어서서 다른 세계로 날아가라고 큰 소리로 말한다고 보았습니다.[29]

나중에 아우구스티누스가 회심한 후에 『영과 문자』라는 책을 쓰게 되는데, 암브로시우스의 영향을 가장 많이 받았다고 볼 수 있습니다. 어쨌든 아우구스티누스는 암브로시우스를 만나면서 마니교의 우주론의 공상에서 벗어날 수 있었으며, 특히 두 왕국의 혼합이라는 설명을 탈피하게 되었습니다. 그는 더 이상 이러한 선한 힘이 반대 요소의 침입을 받고서 상처를 입는다고 생각하고 싶지 않았습니다. 그러면서도 아직까지는 자신이 물질주의자의 입장을 완전히 벗어날 수 있는 것처럼 생각하고 싶지는 않았습니다.[30] 즉 그는 암브로시우스를 통해서 가톨릭 신앙으로 서서히 가까이 오고 있었지만 아직은 예전의 생각들로부터 완전히 돌아서지는 않았습니다.

28 Brown, Augustine of Hippo, 75.

29 Brown, Augustine of Hippo, 75.

30 Brown, Augustine of Hippo, 76.

9. 플라톤주의자들과의 만남을 통하여
마니교에서 빠져나오다

아우구스티누스는 밀라노에서 수사학 교수로서 활동하는 동안에도 진리를 찾는 일을 게을리 하지 않았습니다. 그는 암브로시우스 감독을 통하여 설교를 들을 때마다 그가 자주 인용하는 플라톤의 글들을 직접 접해 보고 싶은 강한 욕구를 가지게 됩니다. 하지만 그는 그때까지 플라톤의 저술은 읽어 본 적이 아예 없었고 카르타고에서 아리스토텔레스의 책 『10개 범주』를 번역본으로 읽은 것이 희랍철학자들에 대한 그의 지식의 전부였습니다. 그래서 그는 플라톤의 책들을 직접 접하기 전에 먼저 소위 신(新)플라톤주의자라고 알려진 플로틴(Plotin)과 그와 쌍벽을 이루는 포르피리(Porphyry)의 책들을 접합니다.

그는 그리스어를 잘할 수 없었음으로 먼저 라틴어 번역본을 읽게 됩니다. 다행히 플로틴과 신플라톤주의자들의 저서들이 라틴어로 번역되어 있었는데, 이는 빅토리누스라는 수사학 교수의 덕택이었습니다. 빅토리누스는 아프리카인으로서 로마의 수사학 교수로 있다가 기독교로 개종했던 특이한 이력을 가진 사람이었습니다. 그는 기독교로 개종을 한 후에 희랍철학자들의 여러 책들을 라틴어로 번역했고 아우구스티누스는 이런 번역본의 도움을 받습니다. 빅토리누스 외에 또 한 사람의 도움을 받았는데, 암브로시우스의 영적 스승으로서 기독교와 플라톤주의를 결합시키려고 노력했던 심플리키아누스였습니다.

　암브로시우스를 비롯해서 지성인 기독교인들은 플라톤주의와 기독교
는 공통점이 많다는 사실에 전적으로 동의하였습니다. 그들이 볼 때, 양
자는 다 같이 철저히 이 세상적인 것보다 저세상적인 것을 더 중요하게
보았습니다. 성경에서 예수님께서 '내 나라는 이 세상에 속하지 않는다.'
라고 말씀하셨던 것처럼, 플라톤도 그의 이데아론에서 현실계와 다른 이
데아계의 존재를 말했습니다. 암브로시우스의 눈에는 플라톤 추종자들
은 일종의 '사상의 귀족들'이었습니다. 아우구스티누스는 386년의 초여
름에 새로운 사상을 소개받고 어떤 사람을 통해서 플라톤주의자들의 몇
권의 서적을 입수하였습니다. 그는 플로틴 사상을 완벽히 자기 것으로
소개할 정도로 열심히 공부를 했습니다. 그는 또한 플라톤의 저서도 읽
고 자기 친구 네브리디우스에게 플라톤의 논증을 '탁월한 논증'이라고 말
했습니다.[31] 그러면 신플라톤주의의 핵심 가르침은 무엇이었을까요? 하
게르(Fritz Peter Hager)는 다음과 같이 정리합니다.

　"플로틴에 의하면, 창조적인 힘에서 한 흘러넘침(Ein Überfluß an
schöpferischer Kraft)이 절대적이고 완전한 유일 선(Das eine Gute)으로
부터 아직 다른 덜 완전한 본질들과 존재들이 생성되도록 하기 위한 근거
이다. 최종적인 근거와 지고의 힘의 원천으로서 유일 선은 존재 등급들
과 존재자들의 계층구조를, 신적 정신으로부터 세계영혼을 넘어서 자연
과 신체 세계에까지 그리고 그들의 가장 낮은 잔재, 공간질료에까지 이르

31　Brown, Augustine of Hippo, 79-88.

는 계층구조를 생산해 낸다."[32]

여기서 중요한 것은 창조를 지향하는 한 힘이 흘러넘치고 있는데, 이 힘이 먼저 유일신 안으로 흘러들어 가고 계속하여 그가 창조한 모든 존재들 안으로 흘러들어 가서 힘의 강도에 따라서 존재 등급들과 존재자들의 계층구조가 이루어진다는 것입니다. 브라운이 이 말을 좀 더 이해하기 쉽게 요약하고 있습니다.

"보통 사람들은 명백한 감각세계에 묶여서 황혼 빛 속을 거닐며, 그들이 지니고 있다고 주장하는 지식도 인식의 퇴조 단계의 피할 수 없는 진행의 마지막 희미한 상태일 뿐이라는 생각이 플로틴 우주관의 특징이다. 하지만 이런 퇴조기의 단계들은 서로 밀접하게 연결되어 있으며 각 단계는 높은 단계(superior)에 의존하는데, 이는 이러한 높은 단계가 낮은 단계의 인식의 원천으로서 그것에 대해 근본을 이루기 때문이다. 이런 낮은 단계(inferior)도 그 이전 단계와는 다르다. 이 단계는 스스로를 알지 못하는데, 이 상태는 문자적으로만 생각하는 사람이 직관적인 사람의 사상을 포착할 수 없는 것과 동일하다. 그러나 각 단계는 본능적으로 자기보다 높은 단계를 터치함을 통해서, 외래적이긴 하지만 자기 단계의 인식의 원천과 관계함으로써 그 자신을 완성시키려 한다. 이렇게 일자가 밖으로 나가려는 발산성은 각

---

32 Klassiker der Philosophie, Erster Band, herausgegeben von Otfried Höffe, Dritte überarbeite Auflage, Verlag C. H. Beck München 1994, 144.

부분들이 그 자신의 의식의 원천으로 되돌아가려고 하는 지속적인 긴장과 일치한다."[33]

이 내용이 바로 신플라톤주의의 밖으로 나가려는 '발출'(procession)과 이에 상응하는 내면으로서의 '회귀'(turning) 이론입니다. 이러한 사상이 이교도와 기독교 사상가들을, 즉 플라톤과 아우구스티누스를 하나의 사상적 지평으로 묶어 줄 수 있었습니다. 플로틴에게 있어서 지성은 일자(the One)를 터치하면서 일자를 밖으로 나가게 함과 동시에, 다자(many)의 원천으로서 다자를 일자로 회귀시키는 가장 중요한 중재의 원리(Mediating)였습니다.[34]

밀라노의 교양 있는 기독교인들은 플로틴의 이러한 근본적인 중재적 원리 이론을 습득함을 통하여, 성경 요한복음의 '말씀'(word)의 의미를 철학적으로 해석하였습니다. 아우구스티누스 역시 플로틴의 철학의 렌즈를 통하여 성경을 보면서 특히 천지 창조에 관계해서 문자적 이해를 초월하는 철학적 해석을 하려는 시도를 하였습니다. 이제 그에게 성경은 무식한 사람들에게나 통하는 평범한 책이 아니라 도리어 고상한 사상을 담고 있는 책으로 새롭게 다가오게 된 것입니다. 즉 플라톤 철학을 통하여 성경이 더 위대한 책으로 다가오게 된 것입니다. 그는 결국 플라톤주의의 도움을 통하여 마니교의 어둠에서 빠져나올 수 있었습니다.

아우구스티누스가 더욱 중요하게 여겼던 사항은 플로틴의 다음의 사상이었습니다. 플로틴은 인간 안에는 악의 능력과 선의 능력이 기선을

---

33 Brown, Augustine of Hippo, 89.

34 Brown, Augustine of Hippo, 89.

잡으려고 싸우고 있는데, 항상 기선을 잡는 쪽은 악의 능력이 아니라 선의 능력이라고 주장하였습니다. 그는 일자 안에 있는 창조적인 힘이 유출(流出), 즉 흘러넘쳐 모든 것을 터치하면서, 일자 자신은 어떤 방법으로도 해를 입거나 줄어듦이 없이 수동적인 재료를 주조하고 의미를 제공하기 때문이라고 말합니다. 플로틴은 이런 가르침을 통하여, 선의 능력은 본질적으로 수동적이라는 확신, 그리고 선의 능력은 악의 능동적이고 부패시키는 힘의 격렬한 침해를 당할 뿐이라는 마니교 세계관의 가장 어두운 요소를 웅변적으로 부정하였습니다. 그는 도리어 악은 혼자만 있지 않으며, 그것은 선의 본성 즉 선의 능력 덕분으로 홀로 존재하지 않으며, 필연적으로 선이라는 아름다움의 고리들과 연결되어서 나타날 수밖에 없는데, 이는 몇몇 포로(악)가 황금의 족쇄(선)에 묶여 있는 것과 같다고 말합니다.

플로틴은 이러한 확실한 사실이 신들에 의해서도 보이지 않을 정도로 항상 숨겨져 있으므로, 인간들은 항상 악을 그들의 눈앞에 가질 필요가 없지만, 악이 그들의 눈앞에 올 때 그들은 선과 아름다움의 모습을 그것들의 회상을 통해서 결여되지 않고 가질 수 있다고 말합니다. 플로틴이 생각하는 우주는 계속적이며 능동적인 전체로서 야수적인 분열이나 폭력적인 난입을 허용하지 않으며, 각 존재는 이처럼 생동적인 연속성에 의존해서 힘과 의미를 끌어들입니다. 따라서 악은 분리되어서 개별로 떨어져 나가는 것에 불과하며, 악의 존재 그 자체는 어떠한 실재성도 의미도 없이 무시되어도 되는 존재의 한 질서로 생각될 뿐이며, 악은 그 자체보다도 더욱 크고 생명력 있는 어떤 것과의 접촉을 상실함으로써 소멸되었던 자기 의지적 부분(the self-willed part)일 뿐이라고 말했습니다.

아마도 아우구스티누스는 신플라톤주의의 영향력을 가장 지속적으로 그리고 가장 심오하게 흡수하였다고 말할 수 있습니다. 그 자신이 이 세상의 모든 선과 악에 깊숙이 그리고 수동적으로 내포되어 있다는 감정은 플라톤 저서의 영향을 받고서 사라져 버렸습니다. 그는 플라톤의 저서를 통하여, 악은 피조물들 중 하나에 불과하고 훨씬 거대한 우주의 조그마한 한 부분일 뿐이며 여기서 말하는 악은 마니교에서 말하는 악과는 차원이 다르고 악이 존재하는 목적도 훨씬 더 신비로우며 마니교의 신보다는 훨씬 더 쾌활하신 하나님이심을 배울 수 있었습니다.[35]

아우구스티누스는 플라톤 철학과 성경이 조화가 될 수 있다고 생각하면서 마니교의 이원론을 극복하게 되었고, 이제 자신이 기독교인이 되는 데 걸림돌이 없어졌다고 생각하게 되었습니다. 기독교로의 회심은 점점 가까워지고 있었습니다.

---

35 Brown, Augustine of Hippo, 90-91.

10. 무화과나무 아래의 회심

아우구스티누스는 플라톤 철학을 통하여 신아카데미학파의 회의주의와 마니교의 이원론을 극복하고 완전한 철학을 찾을 수 있다고 생각하였으며, 그와 동시에 기독교에 대하여 마음을 열고 세례를 받을 생각도 하게 됩니다. 그는 바로 이 시점에 사도 바울에게도 눈을 돌립니다.

그는 마니교에 몸담고 있을 때부터 바울을 알고 있었습니다. 마니교에서는 바울을 마니보다 못한 선지자로 여겼으며 바울을 외경(外經)으로 추천하였고 마니의 거룩한 책과 일치되는 부분만 가려 뽑아서 읽었습니다. 그 당시 아우구스티누스의 눈에는 바울도 마니도 똑같이 위대한 사람으로 보였습니다. 하지만 이제는 바울을 마니교와 관계없이 전체로 읽기 시작했습니다. 하지만 여러 가지 새로운 사실을 발견했음에도 불구하고, 그는 아직도 바울이 롬 7장에서 "오호라 나는 곤고한 사람이로다"라고 말한 뜻을 정확히 파악할 수 없었습니다.

이런 의문을 가지고서 아우구스티누스는 386년 7월 말에 암브로시우스의 영적 스승이었던 심플리키아누스에게 찾아가서 자신이 가톨릭 신앙으로 돌아갈 뜻을 비칩니다. 그리고 암브로시우스의 설교를 통해서도 임박한 하나님의 심판을 두려워하며 세례를 미루지 말라는 경고를 계속 듣게 되었습니다. 그는 가톨릭 상속녀와의 결혼과 수사학 교수로서 대성하려는 자신의 세속적 야망에 대하여 포기할 것인가, 아니면 세례를 받고 가톨릭 신앙으로 들어가서 새로운 삶을 살아갈지에 대하여 심각하게 갈등하기 시작합니다. 그런데 마침 8월 말에 그는 자신과 같은 아프리카 출신이면서 황실 특별 관리인으로 대기 중이던 폰티키아누스의 방문을 받습니다. 그 친구는 아우구스티누스의 책상에 바울의 책이 놓여 있는 것을 보고 놀라움을 금치 못하면서, 자기와 자기 친구 알리피우스에게 이집트의 광야로 들어가서 움막을 짓고 철저한 금욕적 삶을 실천했던 성 안토니우스의 생애에 대하여 말해 주었습니다.[36]

이 친구의 말을 들으면서, 아우구스티누스는 갑자기 자기의 살아온 삶에 대하여 뉘우치기 시작했고 이제는 더 이상 도망갈 탈출구가 없다는 생각을 하게 되었습니다. 그는 친구들과 헤어져서 그 집에 딸린 정원으로 나와서 자신의 지난날의 삶을 돌아보며 자신의 어리석음에 대하여 비통해하며 뉘우치기 시작했습니다. 그는 무화과나무 아래 엎드려서 눈물을 흘리면서 부르짖었습니다.

"언제까지, 언제까지 기다려야 하는 것입니까? 내일이라고요? 왜 지금 당장은 안 되는 것입니까? 왜 지금 바로 이 시간에 나의 추하고 부끄러운 삶을 끝내 주시면 안 되는 것입니까?" 나는 이렇게 부르짖고는, 마음으로부터 통회하며 통곡하였습니다. 바로 그때에 옆집에서 들려오는 목소리가 있었는데, 그것은 소년의 것이었는지 소녀의 것이었는지는 알 수 없었지만, 노래 부르는 것처럼 반복해서 들려왔습니다. "'들어라 읽어라(tolle

---

36 Brown, Augustine of Hippo, 93-101.

lege), 들어라 읽어라(tolle lege)’.”[37]

아우구스티누스는 이 소리를 들었을 때, 마치 하나님께서 그에게 성경을 들어서 읽으라는 말처럼 들렸습니다. 그래서 그는 서둘러서 알리피우스가 앉아 있는 곳으로 되돌아갔는데, 아까 거기에서 일어나 정원으로 나올 때 바울 사도의 서신들이 적혀 있는 책을 거기에 두었기 때문이었습니다. 그는 그 책을 얼른 집어 들고 아무 데나 펼쳐서 자신의 눈에 가장 먼저 들어오는 구절을 읽었습니다. 그가 이런 식으로 하나님의 뜻을 찾으려 했던 것은, 그가 어릴 때 아프리카의 교회에 다닐 때 배운 관습이 몸에 배어 있었기 때문입니다. 오늘날 우리 한국교회에서도 이런 식으로 하나님의 뜻을 발견하려는 성도들이 있는데 아프리카 교회의 전통을, 좀 더 구체적으로는 아우구스티누스의 전통을 이어받는 분들입니다. 어쨌든 성경을 펼치자 로마서의 다음의 구절이 그의 눈에 들어왔습니다.

> “방탕과 술 취하지 말며 음란하거나 호색하지 말며 다투거나 시기하지 말고 오직 주 예수 그리스도로 옷 입고 정욕을 위하여 육신의 일을 도모하지 말라”(롬 13:13-14)

그는 이 부분을 읽은 후에, “나는 더 이상 읽고 싶지도 않았고 읽을 필요도 없었습니다. 그 구절을 다 읽고 나자 그 즉시 확신이 빛과 같이 내 고뇌하는 마음속으로 부어져서, ‘의심’의 모든 어둠들이 사라져 버렸습니

---

37 Bekenntnisse, VIII, 12, 414-415.

다."[38]라고 말합니다.

이 말씀을 읽을 때, 그는 성령의 감동으로 자신 안에 뭔가 변화가 일어나고 있음이 느껴졌습니다. 그는 가슴속에서 벅차오르는 기쁨을 주체하지 못하고 자신의 변화된 심경을 먼저 친구 알리피우스에게 전하고 그 즉시 어머니를 찾아가서 말했습니다. 그 말을 들은 어머니는, 주님께서는 자신이 아들을 위해서 눈물을 흘리고 탄식하며 절절하게 구하였던 것보다도 훨씬 더 많은 것을 아들에게 허락하셨다고 말하면서, 기뻐서 어찌할 줄을 몰랐다고 회고합니다.[39] 그는 이 사건을 계기로 이제 그동안의 기나긴 방황을 끝내고 아버지 하나님의 품으로 돌아왔습니다. 그는 이제 드디어 회심을 했습니다. 사람들은 그의 이 회심이 무화과나무 아래서 일어났음으로 "무화과나무 아래의 회심"이라고 불렀습니다.

아우구스티누스는 이제 밀라노 교회의 세례교인이 될 생각을 굳히고 세례 준비반에 들어가 본격적으로 준비수업을 받아야겠다는 마음을 먹습니다. 하지만 그에게 이런 회심이 일어났을 때 놀랍게도 그에게 희귀한 질병이 발병했습니다. 그는 이 질병으로 인해 목소리가 쉬게 되었고 말을 잘 할 수 없었습니다. 며칠이 지나도 이런 현상이 계속되자, 그는 이 병이 계속되면 수사학 교수로서의 생활도 어렵게 될 것이라는 생각까지 하게 됩니다. 그때 마침 여름 휴가철이 겹치면서 어머니 모니카와 그의 아들 아데아다투스 그리고 그의 친한 친구들과 함께 오늘날의 알프스산 중턱 코모 호수 근처에 위치한 카시키아쿰(Cassiciacum)에 있는 시골의 정원을 빌려서 은거하였습니다.

그러면 그가 카시키아쿰에서 무엇을 하며 지냈을까요? 사람들은 이제

---

38 Bekenntnisse, VIII, 12, 416-417.

39 Bekenntnisse, VIII, 12, 417-419.

회심을 경험했으니 모든 철학책들을 불살라 버리고 성경만을 탐구했을 것이라는 생각할 수 있습니다. 하지만 그는 거기에서도 플라톤 철학에 더욱 탐닉해서 철학책들을 쓰고 있었습니다. 그는 아직도 플라톤 철학을 기독교 신앙의 한 형태로 보고 있었기 때문입니다. 브라운은 이 점을 다음과 같이 말합니다. "이 당시에 아우구스티누스에게서 약간 놀라운 것은 철학을 일종의 기독교의 한 형태와 동일시하였다는 사실이다."[40]

이때까지만 해도 아우구스티누스는 이런 조용한 곳에 수도원 같은 공동체를 만들어 학문을 탐구하면서 '교양 있는 여유'(otium liberale), '기독교인의 삶의 여유'(Christianae vitae otium)를 즐기며 살아가고 싶었습니다. 이런 마음을 그는 『행복한 삶에 관하여』와 『질서에 관하여』 등의 책을 저술하여 표현하였습니다. 그는 그러는 사이에 가톨릭 상속녀와 결혼도, 더 나아가 그의 공직 자리도 포기하였고, 그로 인하여 그의 재정적 안정과 사회적 명성도 물거품처럼 사라져 버렸습니다. 이때에 그는 『독백록』(soliloquia)이라는 책도 기술하였습니다. 이 책은 그의 자화상으로써 우선은 친구들을 위해서 저술하였는데, 그 자신은 이 저서를 그 당시에 저술한 다른 저술들보다도 더욱 높이 평가했습니다.[41] 아우구스티누스는 이때 쓴 독백록을 발전시켜서 나중에 『고백록』을 쓰게 됩니다.

그러나 이곳에서의 은둔적 학문 탐구생활에 지쳐 가기 시작하면서 그는 다시 밀라노를 그리워하게 됩니다. 하지만 이번에는 자신의 세속적 야망을 이루기 위해서 그리로 가려는 것이 아니라 세례를 받고 자신의 죄를 씻기 위해서였습니다.

---

40 Brown, Augustine of Hippo, 104.

41 Brown, Augustine of Hippo, 104-107.

11. 세례를 통한 새 출발,
   어머니와의 영원한 이별

아우구스티누스는 밀라노에 돌아온 후에 그의 아들 아데오다투스, 그의 친구 알리피우스와 함께 이듬해 부활절(387년 4월 24-25일 밤)에 세례를 받기 위해 교육을 받는 자들인 "콤페텐테스"(Competentes: 경쟁자들)의 대열로 들어갑니다. 그는 암브로시우스에게 직접 세례교육을 받습니다. 암브로시우스는 경쟁자들에게 "우리가 생명의 원천인 성례전을 청원한다고 해서 지금까지 성실하게 그리고 두려운 마음으로 경청하였던 요리문답 가르침을 기억하지 않아도 된다고 하는 마음을 가질 수 있습니까?"라고 말할 정도로 엄격하게 세례교육을 시켰습니다. 그는 요리문답을 통하여 우리가 지금 사도신경에서 듣고 있는 내용들을 가르쳤고 그것들에 점수를 매길 정도로 철저하게 가르쳤습니다. 아우구스티누스는 요리문답을 배우면서 더 이상 동요하지 않았으며 그 모든 교육을 기쁨으로 받았습니다. 그리고 마침내 세례를 받는 부활절이 다가왔습니다. 세례식 때의 장면을 브라운 박사는 아우구스티누스의 말에 근거하여 다음과 같이 요약하고 있습니다.

"부활절 전야에 아우구스티누스와 경쟁자들의 무리들은 남녀 노소를 불문하고 암브로시우스의 본당 곁에 있는 세례 주는 곳으로 행진한 후에, 커튼들 뒤를 통과하였을 것이다. 아우구스티누스도 발가벗은 채로 홀로 세례 탕 속으로 내려갔을 것이고, 세 번씩이나 암브로시우스는 아우구스티누스의 어깨를 잡고서 쏟아 내는 물속으로 그를 끌어내렸을 것이고, 그런 뒤에 순수한 하얀색 예복을 입고서 촛불로 휘황찬란해진 본당으로 들어갔을 것이다. 그리고 회중들의 갈채를 받으면서 그와 동료 신입교인들은 제단 옆의 약간 높은 좌석에 앉아서 부활하신 그리스도의 신비에 최초로 참여하였을 것이다. 옛것을 벗어 버림, 새것을 입음, 중생과 죄로부터의 다시 살아남, 그리스도께서 지상에 내려오심에 의하여 우리의 영혼이 하늘까지 오르는 것이 가능하게 되었다는 등등의 주제가 아우구스티누스의 상상 속에서 울려 퍼졌을 것이다."[42]

세례를 받은 후에 아우구스티누스의 삶에는 변화가 찾아왔습니다. 그의 영혼은 드디어 안식을 누리게 되었고 암브로시우스의 설교를 통해서 천국의 기쁨을 넘치게 누리게 되었습니다. 그 사이에 그는 결혼도 포기하게 되었고 밀라노의 수사학 교수 직업도 정리하게 되었습니다. 이제 그는 그의 어머니 모니카와 그의 아들 아데아다투스 그리고 친구들과 함께 자신의 고향인 타가스테로 돌아갈 생각을 하게 됩니다. 물론 거기에서 가톨릭교회의 사제가 될 생각은 추호도 없었고 단지 그곳에서 수도원적인 생활을 하며 학문을 탐구하고 싶었습니다. 하지만 그들의 아프리카 귀환은 순적하게 이루어지지는 않았습니다. 갑작스럽게 발발한 이탈리아 내의 정치적 상황으로 말미암아 그의 일행은 잠시 동안 로마에서 얼마 떨어지지 않은 항구 도시 오스티아(Ostia)에 머물게 됩니다. 하지만 이

42 Brown, Augustine of Hippo, 118.

곳에서 전혀 예기치 않았던 일이 일어납니다. 그의 평생의 동반자이면서 영혼의 멘토이셨던 어머니 모니카가 죽음을 맞이합니다.

아들 아우구스티누스와 어머니는, 아들과 어머니의 인생을 정리하려는 듯, 모처럼 평안을 누리며 행복한 대화를 나눕니다. 하지만 이런 행복을 계속 이어 가지 못하고 그의 어머니는 지병이 도져서 9일 동안 심하게 고생을 하다가 눈을 감습니다. 어머니가 했던 마지막 말을 아우구스티누스는 그의『고백록』에서 회고합니다.

> "나의 육신은 어디에 묻어도 상관이 없으니, 너희는 그런 것은 신경 쓰지도 말고 고민하지도 말아라. 내가 너희에게 꼭 당부하고 싶은 것은, 너희가 어디에 있든지, 주의 제단에서 나를 기억해 달라는 것이다."[43]

그가 어머니의 눈을 마지막으로 감겨 드릴 때 그의 마음이 어떠했는지를 역시 그의『고백록』에서 다음과 같이 회고합니다.

> "나는 어머니의 눈을 감겨 드렸고, 거대한 슬픔이 내 가슴으로 밀려와서 눈물의 강이 되어 눈으로 향했지만, 내 눈은 내 마음의 엄한 명령에 따라 그 눈물의 강이 들어오는 것을 차단하고서, 눈물샘을 마른 상태로 유지하려고 안간힘을 썼고, 이러한 씨름은 내게 너무나 힘들고 괴로운 일이었습니다."[44]

---

43 Bekenntnisse, VIII, 12, 468-469.

44 Bekenntnisse, VIII, 12, 470-471.

12. 히포(Hippo)의 가톨릭교회의
감독이 되다

어머니를 오스티아에 장사하고 아우구스티누스는 그의 고향 타가스테로 돌아갑니다. 그는 그곳에서 수도원을 짓고 학문에 전념하기를 원했기 때문에 그의 귀향에 대하여 주변 사람들에게 알리지 않고자 했습니다. 하지만 당시 아우구스티누스는 밀라노의 수사학교의 교수를 지낸 사람이었으므로 당시 아프리카의 가톨릭교회는 그를 내버려 두지 않았습니다. 당시 아프리카는 마니교로 인하여 그리고 가톨릭교회를 부정하는 도나투스파들로 인하여 골치를 앓고 있었는데, 한때 마니교에 있다가 회심했던 아우구스티누스만큼 그런 교회의 적들과 싸워 줄 적격자가 없었기 때문에 그를 더더욱 원했을 것입니다.

그러나 그가 고향으로 돌아온 지 얼마 되지 않아 당시 히포의 감독이었던 발레리우스(Valerius)는 그의 후임으로 아우구스티누스를 추천했고 회중들은 그를 앞으로 떠밀어 내서 그를 히포 가톨릭교회의 감독으로 추대하게 됩니다. 아우구스티누스는 자신이 어떻게 감독이 되었는지에 대하여 다음과 같이 회고합니다.

"여러분들이 알고 계시듯이, 저는 하나님의 은혜로 아직 젊은 나이에 여러분의 감독이 되어 이 도시에 왔습니다. 저는 저의 형제들과 함께 살기 위한 수도원을 설립하기 위하여 적당한 한 장소를 물색하고 있었습니다. 저는 이 세상에서 가질 수 있는 모든 희망을 포기했습니다. … 저는 죄인의 장막에 사느니보다는 내 하나님의 집에서 겸손히 사는 길을 선택했습니다. 저는 세상을 사랑하는 사람들을 멀리했습니다. 저는 제 자신을 회중을 다스리는 사람들과 동등하다고 생각하지 않았습니다. 주의 만찬에서 저는 높은 자리를 차지하지 않았고 보다 낮고 보다 한적한 한 자리를 선택했습니다. 그런데 주님께서는 이러한 저를 기뻐하시고 '일어나라'고 말씀하셨습니다. 저는 감독직을 너무나 두려워하였기 때문에 저의 명성이 '하나님의 종들' 속에 알려지기 시작할 때부터 감독이 없다고 알려진 곳에는 어느 곳에도 가려고 하지 않았습니다. 즉 높은 직분 속에 있는 위험 속에 있기보다는 낮은 위치 속에서 구원을 찾을 수 있기를 바랐습니다. 그러나 앞에서 말씀드린 대로 종은 주인의 명령을 반박할 수 없습니다. … 저는 잡힌 것입니다. 저는 사제가 되었습니다. … 그리고 거기로부터 저는 여러분의 감독이 된 것입니다."[45]

아우구스티누스 자신이 아프리카로 돌아올 때 전혀 원하지 않았던 일이 벌어진 것입니다. 그는 운둔 생활을 원했지만 하나님은 그를 이단들과 거짓 종교들과 싸우는 투사로 내몰았던 것입니다. 그는 히포의 감독이 된 후에 마니교와 도나투스파와 그리고 나중에는 펠라기안의 추종자들과 치열하게 싸우며 하나님의 교회를 허는 악의 세력들로부터 지켜 냅

---

45 Brown, Augustine of Hippo, 131.

니다. 그는 히포의 감독으로 있으면서 자신이 세운 수도원으로 자주 가서 거기에서 책들을 집필합니다. 그는 396-400년경에 자신의 어릴 때부터 그때까지의 생을 정리하여 기독교 역사에서 최고의 책으로 여겨지는 『고백록』(Confessio)을 탄생시킵니다.

첫 번째 순례의 백미:

고백록(Confessio)

1. 고백록을 쓴 목적

아우구스티누스는 자신이 이 책을 통하여 무엇을 말하고자 하는지에 대하여 이 책의 1장에서 암시적으로 말해 주고 있습니다.

> "주님이여, 주님은 위대하시오니 크게 찬양을 받으시는 것이 마땅합니다. 주님의 능력은 크시고 주님의 지혜는 무궁하십니다. 그래서 인간은 주님이 지으신 피조물 중에서 단지 한 부분에 지나지 않는 그런 존재인데도, 주님을 찬양하기(laudare)를 원합니다. 인간은 자신이 죄를 지었음을 보여 주는 증거이자 주님은 교만한 자를 대적하신다는 것을 보여 주는 증거인 죽을 수밖에 없는 숙명을 자신의 몸에 지니고 있습니다. 그럼에도 불구하고, 주님이 지으신 피조물 중에서 단지 한 부분에 지나지 않는 자가 주님을 찬양하기(laudare)를 원합니다. 게다가, 주님은 우리를 일깨우셔서 주님을 찬양하는 것(laudare)을 즐거워하게 만드십니다."[46]

그는 이 말을 통해서, 자신이 이 책을 통해서 자신의 과거를 회고하고

---

46 Bekenntnisse, I, 13-14.

회개하는 것만을 목적하는 것이 아니라, 자신을 지으시고 자신의 방황을 끝내시고 자신의 품으로 돌아오게 하신 하나님 아버지를 찬양하기를 원한다는 자신의 의도를 드러내고 있습니다. 그래서 "찬양하다"는 라틴어 단어 "laudare"(라우다레)를 세 번이나 반복해서 쓰고 있습니다. 그러므로 우리는 이 책을 단지 참회록이나 기독교 변증서로만 봐서는 안 됩니다. 이 책은 그가 하나님을 찬양하기 위해 쓴 찬양서입니다.

그는 또한 이 책을 통하여 안식을 찾기 위해 방황하던 자신이 어떻게 안식을 찾게 되었는지를 쓰고자 합니다. 그는 제1권의 첫 번째 부분에서 그가 그의 긴 방황을 끝내고 비로소 주님 안에서 안식하게 되었다고 고백합니다.

> "주님은 당신을 찬양하는 것이 우리의 기쁨이 되도록 우리를 자극하십니다. 왜냐하면, 주님은 우리를 당신에게 향하도록 지으신 까닭에, 우리의 마음은 당신 안에서 안식할 때까지는 평온함이 없기 때문입니다."[47]

아우구스티누스는 『고백록』의 1권에서 9권까지에는 자신의 어린 시절부터 시작해서 히포의 감독이 될 때까지의 생애를 회고하며 기록합니다. 우리는 앞의 첫 번째 순례에서 그의 생애를 살펴보는 과정을 통해서, 『고백록』의 이 부분들을 상세히는 아니지만 중요한 부분들을 중심으로 살펴보았습니다. 지금부터는 그가 자신의 삶의 여정 속에서 중요하게 생각하

---

47 Bekenntnisse, I, 13-14: "Tu excitas, ut laudare te delectet, quia fecisti nos ad te inquietum est cor nostrum, donec requiescat in te."

며 묵상하며 심층적으로 탐구했던 신학적인 주제들에 관하여 다루는 이 책의 10권에서 13장까지의 내용을 살펴보고자 합니다.

그는 10권의 앞부분에서는 "기억과 욕망"에 대하여 다루고 있습니다. 그는 우리가 감각이나 지식 등을 통해서는 하나님을 올바로 알 수가 없으며, 오직 기억에 대한 깊은 성찰을 함으로써 그리고 오직 하나님의 은혜의 도움을 통해서만 하나님을 알 수 있다고 말합니다. 뒷부분에서는 자신의 현재의 영적인 상태를 "육신의 정욕과 안목의 정욕과 이생의 자랑"이라는 세 항목으로 나누고, 오직 하나님의 자비하심만이 자신의 모든 소망이고, 하나님이자 사람이신 중보자가 자신에게 꼭 필요한 이유를 얘기하고, 바로 그리스도 예수만이 자신의 참된 중보자시라고 고백합니다. 이 10권은 43장으로 구성되어 있습니다.

2. 행복

아우구스티누스는 10권의 1장을 주님을 알게 해 달라는 기도로부터 시작합니다.

> "나를 아시는 주님이여, 나로 하여금 주님을 알게 해 주십시오. 주님이 나를 아시는 것같이, 나도 주님을 알게 해 주십시오. 내 영혼의 힘이 되시는 주님이여, 내 영혼 안으로 들어오시고, 주님께 합당한 모습으로 바꾸셔서, '티나 주름 잡힌 것'(엡 5:27)이 없게 하신 후에, 주님의 것이 되게 해 주십시오. 이것이 나의 소망입니다. 그러므로 내가 이렇게 말하고, 이 소망 가운데 즐거워하는데, 이것이 올바르게 즐거워하는 것입니다. 반면에, 이 세상의 삶에서 그 밖의 다른 것들에 대해서는, 세상 사람들이 더 슬퍼하는 일일수록 우리는 덜 슬퍼하고, 세상 사람들이 덜 슬퍼하는 일일수록 우리는 더 슬퍼하여야 합니다."[48]

그는 이 고백을 통해서, 그의 최종적인 관심이 인간의 행복이 아니라 주님을 아는 것이며, 주님을 알지 못한다면 인간은 어떤 방법으로도 행복

---

48 Bekenntnisse, X, 1, 486-487.

해질 수 없다는 행복에 대한 기본 입장을 서론적으로 알립니다.

아우구스티누스는 하나님과 행복에 대한 기억[49]을 다루는 20장에서 인간은 누구나 행복하기를 원하지만, 인간 안에 행복이라는 실체에 대한 기억이 존재하지 않는다면 행복을 찾는 것이 불가능하다고 주장합니다. 그는 자신의 기억을 통해 하나님을 찾는 이유는 행복한 삶을 찾기 위함이며, 자신의 영혼이 살고 자신의 영혼으로 말미암아 자신의 육신이 살게 되기 때문이라고 말합니다. 그는 자신의 영혼은 주님으로 말미암아 살기 때문에 주님을 찾는 것은 인간이 해야 할 일들 중 가장 우선적인 일이 되어야 한다고 강변합니다.

그는 계속하여 자신이 어떻게 해야 행복한 삶을 찾을 수 있느냐고 주님께 묻는데, 이는 행복한 삶을 알지 못하면서 행복을 사모한다는 것은 있을 수 없다는 그의 생각 때문입니다. 그는 모든 사람은 행복을 알고 있기 때문에, 행복하기를 원하느냐는 질문을 받으면 누구나 다 원한다고 대답하리라는 것은 의심의 여지가 없다고 말하면서, 하지만 우리가 행복이라고 부르는 것의 실체에 대한 기억이 우리 안에 존재하지 않는다면, 그렇게 대답하는 것은 불가능하다고 주장합니다.[50] 그는 이 고백을 통해서 우리 안에 이미 존재하고 있는 행복에 대한 기억을 통해서만 행복을 찾을

---

49 2장 하나님 앞에서의 고백의 의미, 3장 사람들 앞에서의 고백의 의미, 4장 내가 나의 현재를 사람들 앞에서 고백하고자 하는 이유, 5장 고백에 있어서의 난점, 6장 하나님이 누구시냐는 물음에 대한 피조물의 대답, 7장 내 자신의 영혼 자체 속에서도 하나님을 찾을 수 없음, 8장 기억의 본질과 놀라운 힘, 9장 심상을 통한 기억, 10장 심상을 통하지 않은 기억, 11장 지식에 대한 기억, 12장 수와 숫자, 13장 기억은 모든 것을 기억함, 14장 감정들에 대한 기억, 15장 실체와 심상, 16장 망각, 17장 기억의 힘만으로는 하나님을 만날 수 없음, 18장 잃어버린 물건과 기억, 19장 기억해 낸다는 것을 다룹니다.

50 Bekenntnisse, X, 20, 532-537.

수 있다고 주장하고 있는 것입니다. 그의 이 말 속에는 회상설을 주장한 플라톤의 영향이 여전히 남아 있습니다.

아우구스티누스는 21장에서도 계속 행복의 추구와 기억을 다루어 나간 후에, 22장에서 참된 행복이 무엇인지에 대하여 말합니다.

> "주님이여, 내게 그 어떤 기쁨이 있다고 해도, 주님을 고백하는 이 종의 마음에, 내가 행복하다는 생각이 드는 일이 절대 없게 해 주십시오. 왜냐하면, 악인들에게는 주어지지 않고 오직 감사함으로 주님을 예배하는 자들에게만 주어지는 기쁨이 있는데, 그들의 기쁨은 주님 자신이고, 행복한 삶(beata vita)이라는 것은 주님을 바라보고 기뻐하고, 주님으로부터 오는 기쁨으로 기뻐하며, 주님으로 말미암아 기뻐하는 것이고, 그것 외의 다른 것이 아니기 때문입니다. 또 다른 행복이 있다고 생각하는 사람들은 다른 기쁨들을 추구하겠지만, 그것들은 참된 기쁨들이 아닙니다. 그런데도 그들은 그 거짓 기쁨들로부터 돌아서려고 하지 않습니다."[51]

그는 여기에서 행복한 삶이라는 것은 주님을 바라보고 기뻐하고, 주님으로부터 오는 기쁨으로 기뻐하며, 주님으로 말미암아 기뻐하는 것이고, 그것 외의 다른 것이 아니라고 분명히 말합니다. 그는 행복을 주님과 관계시킴을 통해서, 행복을 자기 밖의 어떤 대상에서 찾지 않고 자기 안에 있는 것들과 관계시키고 그것들을 실현시킴을 통해서 얻으려 했던 당시

---

51 Bekenntnisse, X, 22, 540-541.

의 희랍철학자 아리스토텔레스의 행복론과 전혀 다른 내용을 전합니다.[52]

아우구스티누스는 이어지는 23장에서 모든 사람이 진리와 행복을 원하지만 실제로는 행복하지 않는 이유를 설명한 다음에 인간이 진정으로 행복해지는 방법을 제시합니다. 그는 사람의 마음은 다른 모든 것들을 참되게 하는 저 유일한 진리이신 분을 기뻐할 때에만 진정으로 행복하게 될 수 있다고 강변합니다.

> "주님 안에서의 기쁨만이 행복한 삶인데도, 세상에는 그러한 기쁨을 찾으려고 하지 않는 사람들이 있고, 그런 사람들은 실질적으로 행복한 삶을 원하는 것이 아니기 때문에, 모든 사람이 행복하기를 원하는 것인지는 확실하지 않습니다. … 사람들은 행복한 삶을 사랑하고, 따라서 진리를 기뻐하는데도, 왜 진리를 미워하고, 진리를 전하는 종들을 원수로 여기는 것입니까? … 그들은 진리가 그들에게 빛을 비쳐 줄 때에는 사랑하지만, 잘못되었다고 책망할 때에는 미워합니다. … 사람의 마음은 이렇게 너무나 눈멀고 병들었고, 추악하고 흉악해져서 있어서, 자기 자신은 드러나지 않고 숨겨져 있기를 원하면서도, 자기에게는 그 어떤 것도 숨겨져 있지 않기를 원하지만, 실제로는 그들이 원하는 것과는 정반대로, 사람의 마음은 진리 앞에서 결코 숨겨지지 못하는 반면에, 진리는 사람의 마음으로부터 숨겨집니다. 사람의 마음은 이렇게 너무나 비참하고 참담하지만, 그런데도 거짓보다는 진리를 기뻐합니다. 그러므로 사람의 마음은 그 어떤 것에

---

52 Klassiker der Philosophie, 83.

의해서도 방해를 받지 않는 가운데, 오직 다른 모든 것들을 참되게 하는 진리를 통해서만 기뻐하게 된다면, 진정으로 행복하게 될 수 있을 것입니다."[53]

---

53 Bekenntnisse, X, 22, 540-545.

3. 기억

아우구스티누스는 24장에서 우리가 주님을 발견할 수 있는 곳은 내가
어릴 때에 배운 "주님에 대한 나의 기억 안에서"(in memoria mea)라고 말
합니다.

> "주님이여, 나는 내 기억 밖에서는 주님을 발견할 수 없어서,
> 이 광대한 기억 속에서 주님을 찾아다녔지만, 내가 주님에 대해
> 서 배운 때로부터 주님을 잊은 적이 없기 때문에, 이미 내 기억
> 속에 간직하게 된 것들 외에는, 주님에 대해서 그 어떤 것도 발
> 견하지 못했습니다. 나는 주님에 대하여 배운 때로부터 주님을
> 잊은 적이 없었기 때문에, 내가 진리를 발견한 그곳에서 진리이
> 신 내 하나님을 발견했습니다. 이렇게 내가 주님에 대해서 배운
> 때로부터, 주님은 내 기억 속에 늘 계셨고, 내가 주님을 기억해
> 내고 기뻐할 때마다, 주님을 발견하는 곳은 바로 그곳입니다. 이
> 것들은 주님이 나의 궁핍함을 보시고서 그 자비하심 가운데서
> 내게 주신 거룩한 기쁨들입니다."[54]

---

54 Bekenntnisse, X, 22, 544-545.

우리는 그의 이 문장들을 주의 깊게 살펴보아야 합니다. 왜냐하면 그가 기억을 언급하는 이유는, 기억에 관한 일반적인 철학적 지식을 제공하기 위해서가 아니라, 하나님을 알기 위한 목적으로만 다루고 있기 때문입니다. 우리가 하나님을 알기 위해서 우리 밖에 있는 피조물들을 더듬어 찾는 것이 아니라 우리 안에 있는 우리의 기억을 더듬어 찾아야 한다는 것입니다. 이 점이 그의 신인식론의 핵심임을 우리는 계속되는 그의 얘기를 들어보면서 알 수 있습니다. 25장에서도 그는 주님은 자신의 기억 속에 성소를 마련하고 거기에 계신다고 말합니다.

"주님이여, 주님께서는 내 기억 속에서 어디에 계십니까? 도대체 내 기억의 어느 곳에 계시는 것입니까? 주님은 거기에 주님 자신을 위해서 어떤 종류의 거처를 만들어 놓으셨습니까? 주님 자신을 위해서 어떤 종류의 성소를 세워 놓으신 것입니까? 주님은 내 기억 속에 거하심으로써, 내 기억에 존귀를 더하셨습니다. 하지만 나는 주님이 내 기억의 어느 부분에 거하고 계시는 지를 생각합니다. … 그런데도 황송하게도, 주님은 내가 주님에 대하여 배운 때로부터 내 기억 속에 거하시기로 작정하셨습니다. 그러면 마치 주님이 내 기억 속의 어떤 특정한 부분에 거하신다는 듯이, 내 기억 속에 주님이 거하시는 특정한 부분을 내가 찾고 있는 이유는 무엇입니까? 나는 주님에 대해서 배운 때로부터 주님을 기억해 왔고, 주님을 기억해 내고자 할 때마다, 나의 기억 속에서 주님을 발견해 왔기 때문에, 주님이 내 기억 속에

거하신다는 것은 확실합니다."⁵⁵

그는 이 말을 통해서 주님께서는 자신의 기억 속에 계시지만 구체적으로 어디에 계시는지를 알 수 없다고 고백합니다. 그는 27장의 "내 안에 계시는 하나님을 두고 밖으로만 떠돌았던 나의 지난 세월" 부분에서, 자신이 하나님을 찾기 위해서 자기 밖으로 나가서 피조세계를 관찰함을 통하여 그를 찾으려 하였지만 실패하였다고 고백합니다.

> "지극히 오래되었지만 너무나도 새로운 아름다움이신 주님이여, 그런 주님을 나는 정말 너무나 늦게 사랑하게 되었습니다! 주님은 내 안에 계셨는데, 나는 주님을 밖에서 찾다가, 주님이 지으신 저 아름다운 것들 속으로 뛰어들어서, 내 자신이 흉하게 되어 버렸습니다. 주님은 나와 함께하셨지만, 나는 주님과 함께하지 않았고, 주님 안에 있지 않으면 존재할 수조차 없는 저 피조물들에게 사로잡혀서 주님으로부터 멀어졌습니다. 그런데도 주님은 나를 부르시고 내게 소리치셔서, 귀머거리가 된 내 귀를 열어 주셨고, 번쩍이는 광채와 밝은 빛을 내게 비춰 주셔서 맹인이 되어 아무것도 볼 수 없던 내 눈을 뜨게 해 주셨으며, 향기를 풍기셔서, 나로 그 향기를 맡고 주님을 사모하게 하셨고, 주님 자신을 맛보게 하셔서, 나로 주님을 향하여 주리고 목마르게 하셨으며, 나를 만져 주셔서, 주님의 평안을 열망하게 하셨습니다."⁵⁶

---

55 Bekenntnisse, X, 22, 544-547.

56 Bekenntnisse, X, 22, 546-549.

아우구스티누스는 우리가 하나님을 찾아 그를 알려면 자기 밖으로 나가 피조세계를 관조하고 추론하는 것이 아니라 자신의 안으로 들어가서 자신 안에 있는 기억을 더듬어 찾아야 한다고 주장합니다. 기억이 있음으로 과거가 우리 앞에 현재로 존재한다고 말합니다. 이 말은 기억이 없어지면 과거도 사라진다는 말입니다. 우리는 사고나 치매로 기억력을 상실한 사람들에게 이 사실을 확인할 수 있습니다. 그들은 그들의 과거를 전혀 기억하지 못하거나, 특별한 일들만 기억합니다. 기억을 하는 목적도 모르고 그때 일들을 떠올리고 반복적으로 얘기만 합니다.

아우구스티누스는 기억을 통해서 과거를 현재로 존재하게 할 수 있으며, 기억을 통하여 하나님께서 자신에게 하신 일들을 찾아낼 수 있다고 믿습니다. 하나님께서 자신이 비록 하나님을 믿지 않고 살 때도 그에게 너무 많은 선물들을 주셨는데, 그는 기억을 더듬어서 그것들을 찾아서 하나님께 찬양을 드리고 싶다고 말합니다. 그는 한때 하나님을 자기 밖으로 나가서 이 세상 만물 속에서 찾으려 했지만, 하나님을 믿고 세례를 받은 후 그리고 히포의 감독이 된 후에 『고백록』을 쓸 이 395년경에 와서는 하나님을 자기 자신 안에서 찾고자 한다고 말합니다. 하나님은 그에게 이미 어린 시절부터 너무 많은 것들을 주셨음으로 그가 기억을 더듬어서 그런 주님을 찾으면 찾을 수 있을 것이라고 말합니다.

하나님을 자신의 기억 안에서 찾아 알고자 했던 그의 신인식론은 중세의 토마스 아퀴나스에게는 비판을 받습니다. 왜냐하면 아퀴나스는 신은 자연만물을 이성으로 고찰하여 알 수 있다는, 소위 사변적 신인식 방법을 주장했기 때문입니다. 하지만 현대의 실존철학자들에게는 아우구스티누스의 신인식론이 적지 않은 영향을 미쳤다고 볼 수 있습니다.

4. 시간

아우구스티누스는 행복을 찾을 수 있는 방법에 대하여 논하고 하나님을 우리 밖에서가 아니라 우리 안에 존재하는 기억을 통해서 찾을 수 있다는 그의 독특한 인식론을 말한 다음에, 철학사에서도 이미 많은 연구가 되어 오고 있는 시간에 대한 그의 생각을 말하고 있습니다. 그가 시간의 문제에 대하여 깊이 사색을 하게 된 이유는, 하나님께서 천지를 창조하시기 전에는 무엇을 하고 계셨는지에 대한 질문을 던지고 쓸데없는 추론을 늘어놓는 사람들에게 답하기 위해서였습니다.[57] 특히 마니교도들은 이 질문을 통해서 하나님께서 천지를 창조하셨다는 창세기의 말씀에 문제를 제기하고 무로부터의 창조에 대하여 부정하고자 하였습니다. 그는 창 1장의 말씀에 근거하여 하나님께서 태초에 천지를 창조하셨다는 사실을 부정하는 그룹들에 대하여 비판하면서 이 진리가 확고한 진리임을 천명합니다. 이런 맥락에서 그는 시간의 문제에 대하여서도 언급합니다.

아우구스티누스는 시간을 창조하신 분이 하나님 아버지시라고 분명히 말합니다. "당신이 시간 자체를 만드셨기 때문에, 시간이 전혀 없을 때

---

57 Bekenntnisse, XI, 10, 620-621: "Quid faciebat Deus, antequam faceret caelem et terram?"

에 당신은 어떤 것도 만들지 않으셨습니다."[58] 그는 시간이 무엇인지에 대하여 정확히 규정하기가 매우 어렵다고 말하면서도, 아무것도 지나가지 않는다면 과거의 시간은 존재할 수 없고, 아무것도 오지 않는다면 미래의 시간은 존재할 수 없으며, 아무것도 현존하지 않는다면 현재의 시간은 존재할 수 없다는 사실만은 말할 수 있다고 주장합니다. 그는 이어서 과거는 이미 지나가서 지금은 존재하지 않고, 미래는 아직 오지 않아서 지금은 존재하지 않는데, 과거와 미래라는 이 두 종류의 시간이 어떻게 존재할 수 있으며, 또한 현재라는 시간이 항상 현재에 현존해 있어서 과거로 지나가지 않는다면, 그것은 이미 시간이라고 할 수 없고 영원이라고 해야 하지 않느냐고 말합니다. 그는 따라서 그 현재가 시간이 되기 위해서는 과거로 지나가는 것으로 존재할 수밖에 없는데, 그런 현재라는 시간을 존재한다고 말할 수 있으며, 현재라는 시간은 지나가는 것으로만 존재할 수 있는데 지나가서 없어져 버리는 것을 현재적으로 존재한다고 말할 수 있느냐고 말합니다. 그는 따라서 우리는 시간이라는 것은 지나가서 없어져 버리는 것으로만 존재한다고 말할 수 있지 않겠느냐고 말합니다.[59]

아우구스티누스는 이런 시간 이해에 기초하여 과거와 현재와 미래라는 세 가지 시간이 존재한다는 생각은 옳지 않다고 주장합니다.

> "하지만 이제 분명하게 확인된 것은, 미래의 시간이나 과거의 시간은 존재하지 않기 때문에, '과거와 현재와 미래'라는 세

---

58 Bekenntnisse, XI, 10, 626-627: "Nullo ergo tempore non faceras aliquid, quia ipsum tempus tu faceras."

59 Bekenntnisse, XI, 10, 626-629.

가지 시간이 존재한다고 말하는 것은 옳지 않고, '과거의 일들의 현재'(praesens de praeteritis)와 '현재의 일들의 현재'(praesens de presentibus)와 '미래의 일들의 현재'(praesens de futuris)라는 세 가지 시간(tempora tria)이 존재한다고 말하는 것이 아마도 옳으리라는 것입니다. 이 세 가지 시간은 모두 우리의 마음에 어떤 식으로든 존재하고 있지만 다른 곳에서는 보지 못합니다. 과거의 일들의 현재는 기억(memoria)이고, 현재의 일들의 현재는 직관(contuitus)이고, 미래의 일들의 현재는 기대(expectatio)입니다. 이렇게 말하는 것을 허용한다면, 나는 세 가지의 시간이 존재한다고 말하고 싶습니다."[60]

그는 계속하여 우리 안에 있는 기억과 직관과 기대에 따라서 과거와 현재와 미래의 시간이 줄어들기도 하고 늘어나기도 한다고 주장합니다. 그는 아직 존재하지도 않는 미래가 감소되거나 소진되는 것이 가능하고 이제 더 이상 존재하지 않는 과거가 증가하는 것이 가능한 것은, 우리의 마음에는 "기대"하며 "직관"하며 "기억"하는 기능이 있어서, 우리의 마음이 기대하는 것들은 우리의 마음의 직관하는 것들이 되었다가 우리의 마음이 기억하는 것들로 넘어가기 때문이라고 말합니다. 그는 미래의 것들이 존재하지 않는 것들은 아무도 부인할 수 없지만, 우리의 마음속에는 미래의 것들에 대한 기대가 존재하고 있으며, 과거의 것들이 존재하지 않지만 우리의 마음속에는 과거의 것들에 대한 기억이 아직 존재하고 있으며, 현재의 시간은 순식간에 존재하므로 길이를 가지고 있지 않지만 우리

60 Bekenntnisse, XI, 10, 640-643.

마음에 직관은 지속되기 때문에 존재하는 것들은 그 직관을 거쳐서 존재하지 않는 것들이 된다고 말합니다. 그는 따라서 아직 존재하지도 않는 어떤 미래의 시간 자체가 긴 것이 아니라, 우리의 기대 속에서 그 미래의 시간이 긴 것이고, 이제 존재하지 않게 된 어떤 과거의 시간이 자체가 긴 것이 아니라, 우리의 기억 속에서 그 과거의 시간이 길다고 말합니다.[61]

아우구스티누스의 시간관은 확실히 과거, 현재, 미래의 차원을 갖지만 그 현재와 과거와 미래가 어떤 양적인 크로노스의 시간의 쌓임과 경과에 의하여서가 아니라, 우리 마음속에 있는 기대와 기억과 직관에 의하여 결정된다는 생각입니다. 과거와 현재와 미래가 기억과 직관과 기대를 결정하는 것이 아니라, 기억이 과거의 시간을 만들고 직관이 현재의 시간을 만들고 기대가 미래의 시간을 만든다고 말할 수 있습니다. 그의 이런 시간관은 엄밀한 의미에서 볼 때 과거와 현재와 미래로 이어지는 선적 시간관도 아니고 시간은 돌고 돈다는 희랍식 시간관도 아닙니다. 그는 시간이 주관에 의하여 결정된다는 주관적 시간관을 펼치고 있는 것입니다. 그는 과거와 현재와 미래의 시간을 찾기 위해서는 우리 안으로 들어와서 기억을 더듬어 보면서 과거를 찾고, 직관을 하며 현재를 찾고, 기대를 하면서 미래를 찾아야 한다고 말하고 있습니다. 이러한 그의 시간관은 오늘 우리 현대인들의 과학적 세계관에 의하여 생각하면 받아들이기가 매우 어렵습니다.

그는 11권을 마치면서 앞에서 마니교도들을 비롯하여 일부의 사람들이 던졌던 "하나님이 천지를 창조하시기 전에 무엇을 하셨는가?"라는 질문에 대하여 마지막 답변을 줍니다.

---

61 Bekenntnisse, XI, 10, 662-665.

"주님이여, 그들로 하여금 자신들이 무엇을 하고 있는 것인지를 잘 생각해 보고서, 시간이라는 것이 존재하지 않는 곳에서는 '전에는'이라는 표현 자체를 사용할 수 없다는 사실을 깨닫게 해 주십시오. 하나님이 천지를 창조하시기 '이전에' 아무것도 하지 않으셨다는 것은, 정말 아무것도 하지 않으셨다는 의미가 아니고, 단지 그 이전에는 시간 속에서 어떤 것을 만드시는 것을 하지 않으셨다는 의미가 아니고 무엇이겠습니까? 그러므로 그들로 하여금 주님이 피조세계를 창조하시기 이전에는 시간이라는 것이 전혀 존재하지 않았다는 것을 알게 하셔서, 이런 부질없고 헛된 말을 그치고서, 모든 시간을 만드신 영원하신 창조주이신 하나님은 모든 시간 '앞에' 계시고 그 어떤 시간도 하나님처럼 영원할 수 없으며, 시간을 초월해 있는 피조물들이라고 하나님처럼 영원할 수 없다는 것을 깨닫고서, 그들도 '앞에 있는 것들'을 붙잡으려고 하게 해 주십시오."[62]

그는 이런 서술을 통해서 하나님께서 천지를 무에서부터 창조하였으며 시간은 천지를 창조하시면서 시작되었다고 천명합니다.

---

62 Bekenntnisse, XI, 10, 662-669.

5. 창조

아우구스티누스는 마니교의 선한 신과 악한 신에 의한 세상의 창조를 반박하기 위해 창세기 1장에 나오는 창조에 대하여 논합니다.[63] 그는 11권 영원 속에 계시는 창조주와 시간 안에서의 창조, 12권 창조의 신비 (1): 창세기 1:1-2에 대한 문자적 해석, 13권 창조의 신비 (2): 창세기 1장에 대한 은유적 해석, 그는 이 세 권의 책을 통해서, 첫째로 이 세상을 창조하신 분은 오직 유일하신 여호와 하나님이시고, 둘째로 시간은 하나님께서 이 세상을 창조하기 전에는 존재하지 않았으며, 셋째로 시간은 창조와 더불어 시작되었으므로 영원하지 않으며 처음이 있고 끝이 있다고 주장합니다. 창조 기사에 대하여서도 6천 년 전 창조를 지지하면서도 문자적으로만 해석하지 않고 은유적으로도 해석합니다.[64]

지금까지 우리는 아우구스티누스의 출생부터 히포의 감독이 되어 『고백록』을 쓸 때까지의 첫 번째 순례 여정을 살펴보았습니다. 그의 인생을 보며 저는 몇 가지 생각을 해 봅니다. 첫째, 그의 인생은 자신의 마음대로

---

63 나중에 Augustinus는 『De gensi contra Manichaeos』(마니교도 반박 창세기 해설, 정승의 역주, 분도출판사, 서울, 2022)를 써서 마니교도들을 구체적으로 반박한다.

64 Bekenntnisse,XI, 10, 602-843.

되는 인생이 아니었습니다. 하나님은 처음부터 끝까지 그의 뜻을 포기시키십니다. 둘째, 하나님은 그의 방황을 허용하시면서 그를 지상 생활의 허무를 맛보게 하십니다. 셋째, 당시 기독교의 적대적인 종교와 철학들을 맛보게 하시면서 나중에 교회의 감독이 되었을 때 이런 악의 세력들과 싸울 수 있는 준비를 시키셨습니다. 마지막으로 그의 인생은 은혜가 있는 인생이었습니다. 은혜가 없었다면 어떻게 그가 그런 방황을 견뎌 내고 악의 세력을 이겨 내고 하나님께로 돌아올 수 있었겠습니까? 오직 은혜(sola gratia)! 오직 은혜만이 방황하던 그를 하나님의 품으로 돌아올 수 있게 만들었다고 말할 수 있습니다.

두 번째 순례:

히포(Hippo)의 감독으로의
취임과 초기의 주요 저서들

1. 히포의 감독으로 취임하다(396)

아우구스티누스는 아프리카로 돌아올 때, 성직자가 아닌 가톨릭교인이 된 철학자로서 살겠다고 생각했으므로, 자기 아들 아데오다투스와 그의 가까운 친구들과 같이 히포 주변에 작은 수도원을 짓고 거기에서 학문을 연구하면서 여생을 보내고자 했습니다. 하지만 당시의 히포의 가톨릭교회의 감독이었던 발레리우스(Valerius)는 아우구스티누스를 그의 후계자로 세울 생각을 하였고, 공적 예배에 참석하고 있던 아우구스티누스를 회중들이 모인 자리에서 일어나게 하고 반강제적으로 그를 부사제(副司祭)로 임명했습니다. 아우구스티누스는 떠밀려서 부사제직을 받아들이게 되었고 발레리우스 밑에서 감독 훈련을 받고 있었습니다. 하지만 아우구스티누스의 명성이 아프리카 전역에 알려지면서 카르타고를 비롯한 여러 교구들에서 그를 모셔 가려고 했었고 발레리우스는 그를 빼앗기지 않기 위해 특별 감시를 해야 할 정도가 되었습니다.

몇 년 후에 발레리우스가 죽으면서 아우구스티누스는 드디어 그를 이어서 히포의 감독으로 취임합니다. 그는 감독직을 수행하면서도 자신이 몸담아 왔던 수도원을 지속시키고 그곳에서 계속하여 학문 연구도 병행합니다. 하지만 그는 이제부터는 학문을 중립적인 입장에서 논하지 않고 가톨릭교회의 감독의 입장에서 양들을 보호할 목적으로 여러 가지 신학적 주제들에 관하여 토론합니다. 그는 무엇보다 먼저, 당시에 특히 아프리카에서 큰 세력을 떨치고 있던 마니교의 잘못들을 반박하는 책들을 본격적으로 저술하기 시작합니다. 이때 그가 썼던 책들 중 대표적인 책들이 『참된 종교에 관하여』와 『자유의지에 관하여』였습니다.

2. 참된 종교에 관하여(De vera religione)

이 책은 그가 히포의 감독으로 취임하기 전인 390-391년 사이에 썼던 책입니다. 그는 회심한 후에 몇 년이 지나지 않아 이 책을 썼는데, 이 책에서 이미 마니교를 비롯한 다른 여타의 종교들은 거짓 종교임을 알리고 가톨릭 종교만이 참된 종교임을 알리고자 합니다. 이 책의 서두에서 그는 참된 종교를 다음과 같이 정의합니다.

> "참된 종교 안에 모든 선하고 행복한 삶의 길이 제정되어 있기 때문에, 그 참된 종교를 통하여 하나이신 하나님께서 경배를 받으시고, 지극히 순수한 경건으로 자연 만물의 원천으로 인정되어지기 때문에 … "[65]

그는 참된 종교를 규정하는 이 문장을 통하여 인간이 참된 종교를 가져야만 선하고 행복한 삶을 영위할 수 있으며, 하나님께 올바른 경배를 드릴 수 있고, 그가 우주만물을 지으신 분으로 인정을 받을 수 있다고 말

---

65 Augustinus, De vera religione: 391-395/396: 아우구스티누스, 참된 종교, 성염 역 주, 분도출판사, 2011, 20-21: "Cum omnis vitae bonae ac beate via in vera religione sit constituta, qua unus deus colitur et pugatissima pietate cognoscitur prinpicitium naturam omnium … "

합니다. 그는 계속하여 "그분을 통해서 만유가 기원하고 발전되고 보존되므로, 어떤 백성들이 하나이신 참 하나님이요 만물의 주인 대신에 여러 신을 섬기기를 좋아하였다거나, 그 백성들의 현자들, 소위 철학자라 일컫는 자들이 학파는 서로 다르면서도 공통된 신전을 두고 있었다는 사실은 잘못임이 분명히 드러난다."라고 말하면서,[66] 다신론 숭배자들과 다신론을 숭배하는 철학자들을 똑같이 거짓 종교를 섬기는 자들이라고 비판하고, 자신이 왜 이 책을 쓰게 되었는지 그 동기를 말하면서 가톨릭 종교의 신앙만이 참된 종교임을 천명합니다.

> "나의 사랑하는 로마니아누스여, 여러 해 전에 나는 참된 종교에 관한 나의 사상을 그대에게 써 보내기로 약속하였는데, 이제 그때가 되었다고 생각되네. … 그렇다면 우리에게 남는 것은 기독교이며 그의 교회의 친교라 하겠으니, 이 교회는 가톨릭이며 가톨릭이라 일컬어지고 있으니 그것도 자기 신도들에게서만 아니고 모든 적에게도 그렇게 불리어지고 있다네."[67]

아우구스티누스는 계속하여 우리가 추종해야 마땅한 이 종교의 초석은 '역사와 예언'이 되어야 하며, 이 역사 밖에서가 아니라 역사 안에서 그리고 하나님께서 예언자들을 통하여 주신 예언을 통해서, 영원한 생명에로 재생되고 회복되어야 할 인류의 구원을 위해서 하나님의 섭리가 마련하신 시간적인 경륜이 나타난다고 주장합니다. 그는 여기에서 하나님의

---

66 De vera religione, 20-28.
67 De vera religione, 53-54.

계시라는 말은 사용하지 않지만, 성경만이 이 종교의 초석이 되어야 한다는 점과, 성경을 통해 알리는 하나님의 계시의 목적은 인류의 구원이고 이 구원을 위해서 하나님께서 시간 안에서 펼친 구원의 경륜임을 분명히 합니다.

그는 우리가 일단 이것을 믿게 되면, 신적인 계명에 부합하는 생활양식을 영위하게 되어 그것이 지성을 정화시키고 영적인 것들을 파악하는 데 적합하게 만들어 주는데, 이 영적인 사물이야말로 과거의 것도 아니고 미래의 것도 아니며 오직 항상 여일한 모습으로 존속하고 여하한 변화도 입지 않는 것이라고 말합니다. 그는 이 구원 경륜을 펼치는 분이 바로 삼위일체의 하나님, 즉 "하나이신 하나님, 성부와 성자와 성령이시다."라고 말합니다. 아우구스티누스는 우리가 이 삼위일체 하나님에 대하여 인식할 때, 이 세상에서 일어나는 모든 일들의 진정한 사태를 파악할 수 있다고 말합니다.

> "현세 안에서 알아낼 수 있는 한에서, 이 삼위일체를 인식함으로써 오성과 생혼과 몸체를 갖춘 피조물은 어느 것이나 그것이 존재하는 한, 바로 창조하시는 이 삼위일체에 의해서 존재하고 자기 형상을 갖추고 질서정연하게 지배를 당한다는 것은 의심의 여지가 없이 파악된다."[68]

아우구스티누스가 삼위일체를 어떻게 이해했는지를 우리는 그가 쓴 대작 중의 하나인 『삼위일체에 관하여』(De trinitate: 400년에 착수하여

---

68 De vera religione, 54ff.

419년경에 완성)에서 가장 명확히 파악할 수 있습니다. 하지만 이 책 속에 담긴 삼위일체 내용은 분량이 매우 많고 내용 파악하기가 쉽지 않으므로, 저는 신의 도성을 다루는 이 책의 뒷부분에서 그가 요약하여 알기 쉽게 전달하는 삼위일체를 살펴보려고 합니다.

그는 이어서 우리가 참된 인식에 도달하기 위해서는 먼저 가톨릭교회에서 가르치는 신앙의 내용을 신적 권위로 받아들이고 순종해야 하며, 그 다음에 그 가르침을 받은 내용을 이성으로 이해해야 한다고 말합니다. 그는 "이런 것들을 아직 믿지 않을뿐더러 우리와 더불어 믿기보다는 우리가 먼저 믿는 것을 오히려 조롱하는 사람들에 대하여 우리는 애석함을 금치 못한다."고 말하면서, 믿지 않으면서 믿는 신앙인들을 조롱하는 자들을 비판합니다. 계속하여 그는 "일단 우리가 성삼위의 영원하심과 피조물의 무상함을 인식하기에 이른다면, 하나님의 아들의 성육신, 동정녀에게서 태어나심, 우리를 위한 죽으심, 죽은 자들 가운데서 부활하심, 하늘에 오르심과 성부 오른편에 좌정하심, 죄의 사함과 심판의 날과 육신의 부활도 믿게 된다. 믿게 될뿐더러 그것들이 지존하신 하나님이 인류에게 쏟으시는 자비와 연관된 것으로 판단하기에 이른다."[69]라고 주장하면서, 먼저 믿어야 기독교의 진리들이 이해될 수 있음에 대하여 강조합니다.

아우구스티누스는 이 책에서 마니교 같은 이단들에 대하여 가톨릭교회가 어떤 태도를 취할 것인지에 대한 실제적인 지침도 제공하고 있습니다. 그는 이단들을 뿌리 뽑으려 하지 말고 그들을 이용하자고 제안합니다.

"그렇지만 '하기야 여러분 가운데서 진실한 사람이 드러나려

---

69 De vera religione, 56-57.

면 많은 이단이 있어야 할 것입니다'라고 하는 말씀이 참으로 옳은 이상, 하나님 섭리의 저 혜택도 우리가 이용해야 한다. … 거룩한 교회 안에는 하나님께 시험을 받아 용납된 인물들이 무수히 많은데 우리 가운데 드러나지는 않는다. 그것은 우리가 진리의 빛을 관조하는 일보다는 우리 어두움의 몽매함에 흡족한 채로 잠자기를 좋아하기 때문이다. 그리하여 많은 수가 하나님의 날을 보고 기뻐하자면 이단자들이 흔들어 잠에서 깨어나야만 한다. 그러니 우리는 이단자들도 이용하자. 그들의 오류를 인정하자는 말이 아니고 그들의 기만에 대항하여 가톨릭교의를 주장하다 보면, 비록 그들을 구원에로 다시 불러들이지는 못한다 하더라도 적어도 우리가 깨어 경계하고 더욱 조심스러운 사람이 되자는 것이다."[70]

그는 이단을 인정하자고 말하지 않습니다. 도리어 이단을 통하여 정통 교회 신자들이 깨어날 수 있음으로 이단을 이용하자고 말하는데, 이는 이단을 이 땅에 두시는 하나님의 섭리가 있기 때문이라고 말합니다. 그러면서 그가 이 책에서 반박하고자 하는 대표적인 이단인 마니교 이단에 대하여 구체적으로 비판합니다. 그는 두 개의 원리, 두 영혼을 거론한 마니교도들의 오류를 다음과 같이 반박합니다.

"그러나 이 책은 누구보다도, 두 본성 혹은 두 실체가 존재하여 각각의 원리를 지니고서 서로 충돌한다고 여기는 사람들을

---

70 De vera religione, 58-59.

상대로 구상되었다. 그들은 어떤 사물들에는 혐오를 느끼고 어떤 사물들에는 쾌락을 느끼면서, 혐오를 느끼는 사물들이 아니라 쾌감을 느끼는 그 사물들에 대해서만 하나님이 창조주이시기를 바라는 것이다."[71]

그는 마니교에 대한 이 비판적인 문장에서, 마니교도들이 단지 두 개의 원리를 말한다는 점에서뿐만 아니라, 자신들이 좋아하는 것은 선한 신에게 돌리고 좋아하지 않는 것들은 악한 신에게 돌리는 극히 자의(恣意)적인 태도에 대하여 비판합니다. 그는 우리 영혼이 이 한 하나님을 섬기고 산다면 종교문제에서는 결코 오류를 범하지 않을 것이라고 말합니다.

"그러므로 우선 그대에게 확연하게 납득이 가는 것은 영혼이 하나님 대신 어떤 신령체나 어떤 물체나 그 표상이나 이 두 가지를 혼합한 것이나 아니면 이 모든 것을 한꺼번에 합친 것을 예배하는 일이 없는 한, 종교 문제에 아무런 잘못이 없으리라는 점이다. 그리고 술수를 부리지 않고서 현세에서 인류의 공존사회에 잠시 맞추어 가면서 영원한 것을 명상하고 하나이신 하나님을 경배하고 산다면 종교문제에 잘못이 없으리라는 것이다. 이 하나님이 불변하는 분으로 영속하지 않으신다면, 그 본성이 가변적인 사물이 하나도 존속하지 못할 것이다."[72]

---

71 De vera religione, 60-61.

72 De vera religione, 62-63.

이렇게 말한 후에 아우구스티누스는 종교문제에 대하여 인간이 가질 수 있는 세 가지 잘못된 태도를 지적합니다. "그러니 창조주 대신에 피조물을 섬기는 일을 삼갈 것이요, 우리 자신의 사고 속에 함몰되어 버리는 일이 없도록 할 것이니 그렇게 하는 것이 완전한 종교이다. 영원하신 창조주께 귀의하면 필히 우리도 영원으로부터 각인을 받게 되기 마련이다."[73] 그는 참된 종교를 가지려면, 첫째로 창조주 대신 피조물을 섬겨서는 안 되며, 둘째로 우리 자신의 생각을 가지고 하나님을 만들지 말아야 하며, 셋째로 오직 영원하신 하나님께 귀의해야 한다고 말합니다.

이어서 그는 인간이 구원에 이르기 위한 두 가지 길을 제시하는데, 첫째 길은 권위의 길이고 둘째 길은 이성의 길이라고 말합니다.

> "하나님의 섭리와 형언할 수 없는 선하심이 제공하시는, 영혼의 치료는 단계로 보나 과정으로 보나 지극히 아름다운 것이다. 그 처방은 권위와 이성으로 나타난다. 권위는 신앙을 요구하고 인간을 이성의 사용에로 준비시킨다. 이성은 이해와 인식에로 유도한다. 이성이 비록 권위를 전적으로 배제하지는 않으며, 더구나 믿어야 할 대상을 두고는 권위를 배제하지 않으나, 이성에게는 이미 인식되고 자명한 진리가 최고의 권위를 가진다."[74]

그는 인간이 참된 진리에 도달하기 위하여서는 먼저 권위를 신앙으로 받아들여야 하며, 그 이후에 이성으로 이해하는 작업이 필요하다고 말합

---

73 De vera religione, 64-65.
74 De vera religione, 110-111.

니다. 그의 이 입장을 중세에 다시 부활시킨 사람이 "나는 알기 위하여 믿는다"(Credo ut intelligam)고 주창했던 영국의 캔터베리의 대주교였던 안셀무스(Anselmus)였습니다.

그는 이제 결론적으로 독자들에게 거짓 종교를 버리고 참 종교를 받아들이라고 권고합니다. "사리가 이러하다면 내가 사랑하고 나와 가까운 사람들이여, 그대들에게 충고한다. 아니, 그대들과 더불어 나 자신에게 충고한다. 하나님이 당신 지혜를 통해 우리를 부르시는 그곳에까지 빨리 달려가자. 세상을 사랑하지 말자. 세상에 있는 모든 것은 육의 욕망과 눈의 욕망과 세속의 야망이다. 육의 욕망으로 말미암아 부패시키고 부패하는 짓을 좋아하지 말자."[75] 그리고 그는 성경 계시보다는 인간의 환상에 근거해 종교를 만들려는 자들에게 충고한다.

"우리들의 환상에 우리의 종교를 세우지 말자. 인간이 마음대로 그려 내는 온갖 것보다는 하나의 진실이 훨씬 좋다."[76]

아우구스티누스는 하나님의 계시가 아니라, 인간의 환상에 근거해서 종교를 세우려는 모든 시도들을 비판합니다. 그는 또한 우리에게는 땅과 물을 숭배하는 종교가 불가하며,[77] 완전하고 지혜로운 이성적 영혼도 우리 종교의 대상이 되어서는 안 된다고 강변합니다.[78] 그러면서 그는 "그리하여 나는 하나이신 하나님을, 만유의 하나뿐인 원리이시고 지혜이시고

---

75 De vera religione, 228-229.

76 De vera religione, 228-229.

77 De vera religione, 230-231.

78 De vera religione, 232-233.

상급이신 분을 섬긴다."[79]라고 고백합니다. 그는 마지막으로 종교의 역할이 무엇이 되어야 할지에 대하여 다음과 같이 분명하게 말합니다.

> "그러므로 종교는 하나이시고 전능하신 하나님께 우리를 다시 매는 것이어야 하겠다. 우리 지성과 진리 자체 사이에는 어떠한 피조물도 가로놓여 있지 않다. 우리가 하나님을 아버지로 인식하는 우리 지성과, 우리로 하여금 그분을 인식하게 만드는 내면의 빛이신 진리 사이에는 여하한 피조물도 끼어 있지 않은 것이다."[80]

아우구스티누스는 이 책을 통해서 참된 종교가 되려면 어떤 요건들을 갖추어야 함을 제시함과 동시에, 마니교와 같은 그 시대의 거짓 종교들의 잘못된 점을 예리하게 지적하고 있습니다. 그의 이런 종교 이해는 근대 이후 이성에 근거하여 세운 모든 종교 이해를 비판하고 있는 탁월한 입장으로서, 종교 다원주의 시대를 살아가는 시대에 우리 기독교인들이 읽어야 할 길잡이가 되는 책으로 손색이 없다는 생각이 듭니다.

---

79 De vera religione, 238-239.

80 De vera religione, 238ff.

3. 자유의지에 관하여(De libero arbitrio)

아우구스티누스가 마니교를 비판하기 위해 집필한 또 한 권의 중요한 책이 바로 『자유의지에 관하여』라는 책입니다. 그는 이 책을 388년에 착수하여 396년경에 완성했습니다. 그가 이 책을 쓰게 된 가장 큰 동기는 마니교도들이 인간의 의지는 악에 사로잡혀 있어서 악만을 행할 수밖에 없다는 결정론적 입장을 취했기 때문입니다. 얼른 보면, 마니교의 이 입장은 노예의지를 주장했던 종교 개혁자 마틴 루터와 비슷한 것 같지만 루터의 입장과 전혀 다릅니다. 루터는 자유의지를 죄 때문에 타락했다고 보았지, 태어나면서 악만 행하도록 장치가 된 것처럼 가르치지 않았기 때문입니다. 여기서 아우구스티누스는 자유의지에 대하여 마니교와 다를 뿐만 아니라 루터와도 다른 입장을 피력하고 있습니다. 그는 적어도 이때까지는 인간의 의지를 노예의지로 보고 있지 않기 때문입니다.

먼저 그가 『자유의지론』을 집필하게 된 동기를 살펴봅시다. 그는 서론에서 그가 이 책을 쓰게 된 동기를 다음과 같이 말합니다. "우리가 밀라노에서 아프리카로 돌아가는 여로에 로마에 체류하는 동안 악이 어디서 유래하느냐를 두고 토론을 하면서 문제를 탐구하기에 이르렀다. 이 문제를 두고는 일단 하나님의 권위에 승복하여 믿고 있던 바를, 하나님의 보우하심을 입어 우리 힘이 미치는 데까지 진지하게 토론에 붙임으로써, 이성이

숙고하고 논구하며 이끌어 가는 바에 따라서 이해에 도달하겠다는 식으로 토론에 임했다. 그중에 제2권과 제3권은 아프리카에서, 그러니까 내가 히포 레기우스에서 사제로 서품된 다음에, 당시로서는 내 사정이 허락하는 데까지 끝을 냈다."[81]

이 책의 형식이 아우구스티누스와 에보디우스 두 사람의 토론 형식으로 되어 있는 점으로 미루어, 자신과 그와의 토론을 바탕으로 쓴 책입니다. 이 책 역시 아우구스티누스가 마니교도들을 반박하기 위해 쓴 책임을 그 자신이 직접 밝힙니다.

> "마니교도들처럼 자유의지에서 악의 기원을 이끌어 내기를 거부하고, 만물의 창조주라는 이유로 하나님에게 그 탓을 돌리며, … 악의 본성을 불변하는 것으로, 하나님과 더불어 영원한 것으로 주장하는 사람들 때문이다."[82]

마니교도들은 악의 원인을 하나님에게 돌렸습니다. 하지만 아우구스티누스는 악은 하나님에게서가 아니라 인간의 자유의지로부터 나온다고 주장합니다. 그는 자유의지가 본래는 선하게 창조되었는데, 인간이 자유의지를 잘못 사용하여 하나님께 범죄 하게 되었고 이를 통하여 악이 들어오게 되었다고 가르칩니다. 자유의지에 대한 그의 생각이 가장 잘 드러난 부분이 다음의 문장입니다.

---

81 De libero arbitrio(390/391): 아우구스티누스, 자유의지론, 분도출판사, 서울 2018, 8.
82 De libero arbitrio, 9.

"곧 하나님이 존재하시고(deum esse), 모든 선들이 하나님께
로부터 온다는 것이다(et ex deo esse omnia bona). 존재하는 모
든 것이, 그것이 오성적으로 인식을 하고 생명을 가지고 존재를
하든, 아니면 오직 존재만 하는 것이든 간에 모든 것이 하나님께
로부터 존재한다(sunt ex deo)."[83]

하지만 그는 "자유의지를 선들의 목록 가운데 두는 것이 합당하냐"는
질문에 대하여 우리가 어떻게 대답할지에 대하여서도 언급합니다. 그는
자유의지가 선의 목록들에 들어간다는 사실이 입증된다면, 의심 없이 하
나님이 그것을 우리에게 주셨음을 자신이 인정하겠다고 말합니다. 그는
이미 이전부터 두 가지 사실, 즉 하나님이 존재하신다는 것과 모든 선이
하나님께로부터 존재한다는 것을 흔들림 없는 신앙으로 견지해 왔지만,
자신이 여기에서 오성을 사용하여 합리적으로 이 문제를 다루는 이유는,
이를 통하여 세 번째 명제, 곧 자유의지도 그 선들 가운데 하나로 꼽아진
다는 명제가 더없이 분명하게 드러나게 될 것이기 때문이라고 말합니다.

"만일 그것들이 주어져 있다면, 모든 선들을 베푸시는 이, 곧
하느님이 아니면 누가 주었겠는가? 여하튼 그대는 몸에 있는 저
지체들을 두고서, 그것을 악용하는 사람들은 접어 두고서, 그 좋
은 것들을 주신 분을 찬미한다. 마찬가지로 자유의지를 두고도,
그것 없이는 아무도 올바로 살지 못할 터이므로, 자유의지는 선
한 것이요 하나님이 주신 것으로 인정해야 마땅하다. 그것을 주

83 De libero arbitrio, 250-251.

신 분이 그것을 주시지 말았어야 한다고 말하기보다는 그 좋은 것을 악용하는 사람들을 질책해야 할 것이다."[84]

아우구스티누스는 자유의지는 하나님께서 주신 선이므로 하나님께서 왜 그것을 주셔서 악을 행하게 하셨느냐고 하나님께 따지지 말아야 하며, 자유의지는 선한 것이지만 인간이 악용했다고 분명히 말합니다.

우리는 여기에 나오는 아우구스티누스의 말들이 자유의지를 강력히 옹호했던 펠라기우스와 같은 사람들에 의하여 악용되었음을 잊지 말아야 합니다. 펠라기우스는 나중에 의지가 자유로운가에 관한 문제로 아우구스티누스와 본격적으로 논쟁이 붙었을 때, 아우구스티누스가 자유의지를 인정했던 이 책의 부분들을 인용하면서 그를 공격했습니다. 하지만 아우구스티누스가 그 당시 자유의지를 강조했던 이유는, 악의 원인을 인간에게 돌리지 않고 하나님에게 돌리려 했던 마니교도들을 반박하기 위함이었음을 잊지 말아야 합니다. 성염은 이 점을 잘 지적하고 있습니다. "적어도 이 책자에서 다루는 시각은 자유의지의 존재를 강변하는 마니교와의 논전이지 인간의 무력함과 은총의 절대 필요를 강조하는, 펠라기우스파와의 논전은 아니다. 교부가 이 책에서 사물의 선성(善性)을 자유의지의 능력보다 더 많이 다루는 듯한 인상을 우리가 받는 것도 그가 마니교를 인식한 까닭이다."[85]

아우구스티누스가 이 책자에서 주장하고 있는 자유의지에 관한 입장은 나중에 펠라기우스와의 논쟁에 접어들면서 바뀌게 됩니다. 그는 점

---

84 De libero arbitrio, 254-255.
85 De libero arbitrio, 13.

점 더 자유의지에 대하여 회의적이 되고 자유의지 대신 노예의지를 말하고 오직 은총을 통한 구원을 외쳤습니다. 아우구스티누스는 마니교를 먼저는 그의 『고백록』에서 비판하였고, 위에서 언급한 두 책을 통하여 좀 더 심층적으로 비판하고 있습니다. 하지만 그가 히포의 감독이 된 후부터는 마니교뿐만 아니라 가톨릭교회 안에서 일어난 다른 세력들과의 논쟁에 휘말립니다.

히포의 감독으로서
당시 세력을 떨치던 이단들과의 논쟁

1. 도나투스 논쟁

아우구스티누스는 히포의 감독이 된 후에, 본격적으로 당시 아프리카 전역에서 가톨릭교회에 악영향을 미치고 있던 이단들과의 투쟁에 휘말려 듭니다. 위에서 살펴보았듯이, 그는『고백록』이나『참된 종교에 관하여』와『자유의지에 관하여』와 같은 책들을 통하여 자신이 한때 빠졌던 마니교를 효과 있게 반박하였고, 이를 통하여 아프리카 교회의 선생으로서의 자신의 위치를 공고하게 만듭니다. 그런데 그는 이제 마니교와는 전혀 성격이 다른 종류의 적대자들을 마주하게 되는데, 이들은 교회 안에 있으면서 정통 가톨릭교회를 비판하는 그룹들이었습니다.

이들 그룹들 중 첫 번째 그룹은, 교회가 박해를 받고 배교를 하는 상황에서 아프리카 가톨릭교회의 감독으로 선출되었던 도나투스(Donatus) 감독을 따르는 무리들이었습니다. 도나투스가 등장하기 이전까지 아프리카의 가톨릭교회는, 특히 마니교와의 투쟁에서 분열되지 않은 일치를 보여 주었습니다. 하지만 도나투스 감독이 자신이 속해 있는 교회만이 정통 가톨릭교회라고 주장하면서부터 아프리카의 가톨릭교회는 두 개로 나뉘어져 어떤 교회가 진짜 가톨릭교회인가에 대한 논쟁에 휘말려 듭니다.

도나투스파가 출현하게 된 계기는 이렇습니다. 아우구스티누스가 회심하기 한참 전인 서기 303-305년에, 로마 황제 디오클레아누스에 의한 마지막 기독교 대박해가 일어날 때, 아프리카 교회의 상당수의 감독들이 황제를 무서워하여 그가 요구하는 일들에 협력하였습니다. 감독들과 사제들이 성경책과 기독교 경건서적들을 교회를 핍박하는 자들의 손에 '건네주기'(traditio)를 하였고 그들에 의하여 그런 책들이 소각되었습니다. 이들의 이러한 비열한 행동은 순교적 신앙을 가지고 신앙의 순수를 지키려는 사람들의 눈에는 배교 행위로 보였습니다. 문제는 여기에서 끝나지 않았습니다. 이런 배교 행위를 했던 감독들로부터 신부 서품을 받는 경우가 생겨났습니다. 이렇게 해서 감독에 오른 사람이 카에킬리아누스(Caecilianus)였습니다. 이 상황에 분노한 80명의 누미디안 감독들이 모여서 311년에 그의 임직을 무효라고 선언하였고, 그들의 손으로 직접 감독을 뽑았는데, 이 감독의 이름이 바로 도나투스였습니다.

처음에는 카에킬리아누스를 따르는 세력보다 도나투스파의 세력이 더 강했습니다. 도나투스를 추종자하는 자들은 아프리카의 시골로 들어가서 세력을 확장시켰으며, 카르타고어만 사용하는 농부들을 중심으로 선발돌격대라는 뜻을 가진 "키르쿰켈리온"(Circumcellion)이라는 무장 폭도적인 단체까지 만들어 정통 가톨릭교회를 공격하였으므로 로마 제국의 황제가 이 문제를 진지하게 검토하고 강경한 입장을 취할 정도가 되었습니다. 로마 제국 안에서 기독교를 공인해 주었던 콘스탄티누스 대제는 제국의 안정을 위해서 카에킬리아누스의 손을 들어주었고 도나투스파를 박해했습니다. 하지만 그가 죽고 그를 이어서 이교도로서 로마 황제에 올라 짧게(361-363) 로마제국을 통치했던 소위 '배교자 율리아누스'(Julianus the Apostate)는 핍박을 받고 있던 도나투스의 손을 들어주게 됩니다.

아우구스티누스는 397년 히포의 감독으로 취임한 후에 도나투스 논쟁에 본격적으로 뛰어듭니다. 그가 도나투스파를 반박하기 위해서 참고했던 책은 아우구스티누스 당시에 유행했던 『도나투스 행적서』(Monumenta ad Donatistarum historiam pertinentia)인데, 이 책은 도나투스 주의자들이 가톨릭교회로부터 받은 핍박들에 관하여 쓴 소설이었습니다. 이 책에 나타난 이들의 특징은 다음과 같습니다.

첫째, 이들은 율법주의자들로서 유대인들이 토라를 찬양하였듯이 율법에 대한 철저한 준수를 주장했습니다. 둘째, 자신들을 구약 선지자의 반열에 서서 교회의 거룩과 율법의 준수를 외치는 사람들이라고 생각했습니다. 셋째, 자신들이 이스라엘의 남은 자라고 생각했습니다. 넷째, 소규모의 순수한 모임을 주장했으므로 아우구스티누스는 이들을 '조각 집단'이라고 불렀습니다. 다섯째, 자신들을 순교자들의 후예로 생각했습니다. 여섯째, 감독은 영을 소유한 사람들로서 생활에서 흠이 없는 사람들이어야 한다고 주장하였습니다. 일곱째, 이런 감독들이 베푼 세례나 성찬만이 유효하다고 말했습니다. 여덟째, 배교한 감독들로부터 받은 세례는 무효이며 교회 밖으로 나갔다가 다시 교회로 들어온 사람들은 다시 세례를 받아야 한다고 주장했습니다.[86]

아우구스티누스는 책들과 편지들을 써서 이들을 반박하는데, 우리는 그런 책들을 통해서 그의 입장을 파악할 수 있습니다.[87] 도나투스 주의자

---

86 Brown, Augustine of Hippo, 207-221.

87 프레드릭 달리스톤(Fredrick W. Dillistons), 도나투스 주의자들을 반박하는 저술들, 아우구스티누스 연구핸드북, 로이 배튼 하우수, 현재규 옮김, 221-222: 이 책의 원전은 Companion tho the Study of St. Augustin, Edited by Roy W. Battenhouse, Oxford University Press, New York, 1955이다: 이런 책들 중에 대표적인 책들은 다음

들을 반박하기 위하여 그는 여러 가지 비유들을 사용하는데, 이런 비유들 중에서 대표적인 비유가 알곡과 가라지의 비유(마 13:24-30)입니다. 그는 교회는 알곡만 있는 곳이 되어야 한다는 그들의 주장을 반박하면서, 교회는 이 땅에 있는 동안에는 알곡과 가라지가 섞여 있는 공동체로 머물 수밖에 없으며, 거룩한 마지막 남은 자들의 교회는 분명히 존재하지만 이 땅에서는 숨겨져 있고 마지막 날에 가서야 알 수 있다고 말합니다. 그의 다음의 말을 들어 봅시다.

> "만일 당신이 내가 당신에게 권고하는 바를 매우 확고하게 붙잡고 있다면, … 당신은 지금 교만의 일진광풍 아래에서 흩어져 버렸거나 종말에 있을 키질에 의해 분리될 그런 쭉정이들로 인해 주님의 타작마당을 결코 버리지 않을 것이다. 또한 당신은 불명예스럽게 된 그릇들로 인해 위대한 집을 떠나지도 않을 것이며, 해변에서 분리할 수 있는 나쁜 물고기들로 인해 파도들을 가로질러서 해변에 설치한 그물을 거두어들이지는 않을 것이다. 또한 당신은 선한 목자가 양 떼를 구분하실 때 왼편에 서게 될 운명인 염소들로 인해 일치라는 좋은 목초지들을 떠나지는 않을 것이다. 또한 당신은 가라지가 섞였다는 이유로 인해 불경건한 교회 탈퇴에 의해, 밀이 죽음으로써 몇십 배 열매를 맺으며 추수 때까지 전 세계로 함께 성장해 가는 것이 그 원천이 되는

과 같습니다. 7권으로 된 『세례에 관한 도나투스 주의자들 논박』(De Baptismo contra Donatisatas)과 『페틸리아누스에게 답변함』(Answer to Petilianus) 그리고 자신의 양 떼들에게 설교한 『교회 일치에 관하여』(De Unitate Ecclesiae) 등.

그런 좋은 밀들의 사회로부터 자신을 분리시키지는 않을 것이다. 왜냐하면 논밭은 아프리카가 아니라 세계이기 때문이며, 추수는 도나투스의 시기가 아니라 세계의 종말이기 때문이다."[88]

도나투스 주의자들은 가라지는 이 땅에서 교회 안에서 뿌리 뽑혀져야 한다고 보았습니다. 하지만 아우구스티누스는 교회가 이 땅에 존재하는 한 중생자와 비중생자가 함께 섞여서 존재할 수밖에 없음을 주장합니다. 도나투스자들이 소위 중생자의 신학(theologia regenitorum)을 주장했다면, 아우구스티누스는 비중생자의 신학(theologia irregenitorum)을 주장했습니다.[89]

감독의 자격에 있어서도, 그는 도나투스파가 성령과 성령의 은사를 소유함을 감독의 자격의 기준으로서 내세우는 데에도 반대하였습니다. 그는 어떤 감독이 성령과 성령의 은사를 소유했다 해도, 그가 이를 통해서 곧 완전무결한 사람이라고 결론을 내릴 수 없으므로, 어떤 감독으로부터 세례를 받았던지 간에 그 세례는 유효하며, 교회 밖으로 나갔다가 돌아왔을지라도 다시 세례를 받을 필요가 없다고 말합니다.

"만일 어떤 사람이 나에게 나 자신의 의견이 무엇인지를 말하라고 압력을 가한다면, … 만일 세례가 복음의 말씀에 따라 축성(祝聖)되고 세례를 받는 사람들 편에서 어느 정도 믿음을 가지고

88 Augustinus, Answer III. 3: 아우구스티누스 핸드북, 230.

89 Bengt Hägglunt, Geschichte der Theologie, Evangelische Verlagsanstalt Berlin 1983, 94-96.

서 기만 없이 세례를 받았다면, 세례를 받은 모든 사람들이 어느 장소에서 세례를 받았든 누구로부터 세례를 받았든 간에 세례를 소유하고 있다고 나는 주저 없이 말해야 한다. 그렇지만 그들에게 가톨릭교회 속으로 들어오는 기쁨을 주는 수단인 사랑을 그들이 지니고 있지 않다면, 세례는 그들의 영혼구원을 위해 그들에게 어떤 유익도 되지 않을 것이다."[90]

아우구스티누스는 성례의 효력은 베푸는 사제의 말이나 능력에 의해서가 아니라, 하나님의 말씀과 성령의 능력에 의해 나타난다는, 소위 "성례전의 객관성"을 주장합니다. 그는 세례나 성찬은, 성례를 베풀 때 "객관적인 행위 그 자체로"(Ex opere operato) 효력이 나타나므로, 성례의 효력은 성례를 베푸는 자나 성례를 받는 자의 인격이나 신앙에 달려 있지 않다고 말했습니다. 그의 이런 입장은 언뜻 보면 굉장히 비성경적으로 보입니다. 하지만 아우구스티누스가 여기에서 말하는 성직자는, 위의 인용에서 보았듯이, 방탕하게 사는 성직자가 아닙니다. 가톨릭교회에서 정식으로 안수를 받고 직무를 감당하는 자이지만 아직 인격적으로 완전한 성화에 도달하지 못한 사람입니다. 또한 성도들 역시 세속에 빠져 방탕한 삶을 사는 성도들이 아니라, 세례를 받고 신자가 되었으나 여전히 성화가 덜 된 사람들입니다.

아우구스티누스는 이렇게 성화가 덜 된 신자들이 성화가 덜 된 성직자들에게 성례를 받아도 그들이 받은 성례는 효력이 있다고 보았습니다.

---

90 Augustinus, De Baptismo, VII, 102: 도나투스 주의자들을 반박하는 저술들, 프레드릭 달리스톤(Fredrick W. Dillistone), 아우구스티누스 연구핸드북, 239-240에서 재인용.

그 이유는 성례는 성례의 객관적 행위에 의하여 효력이 나타난다고 보았기 때문입니다. 그가 볼 때, 만일 성례가 베푸는 신부의 인격에 달려 있다면 그 신부는 어느 정도 완전한 신부가 되어야 하느냐의 질문이 생길 수밖에 없으며, 또 수세자의 인격과 신앙에 달려 있다면 도대체 어느 정도 완전한 신앙과 인격을 가져야 세례나 성찬을 받을 수 있느냐의 문제가 남아 있다는 것입니다.

성례전의 객관성을 주장한다면, 교회 내에서뿐만 아니라 교회 외부에서 받은 세례도 유효해야 한다는 논리적 귀결이 나올 수 있습니다. 실제로 아우구스티누스는 어떤 사람이 하나님에 대한 선지식(先知識)을 가지고 있다면 가톨릭교회 밖에서 세례를 받았다 해도 그 세례도 유효하다고 주장합니다. "그러므로 교회 외부에서 세례를 받았던 사람들이 비록 하나님에 대한 선지식을 통해서 실제로 교회 내부에서 세례를 받은 것으로 간주되는 것은 가능한 일이다."[91] 하지만 그는 교회 밖에서 받은 세례를 인정했지만 가톨릭교회에 들어와 지도를 받고 성도들과 사랑의 교제를 하지 않으면 죄씻음과 같은 세례의 효력이 나타나지 않는다고 보았습니다.[92]

도나투스는 지상에 완전한 교회를 세우려 했습니다. 하지만 아우구스티누스는 이 땅 위에 존재하는 교회는 완전한 교회가 되는 것은 불가능하다고 보았습니다. 인간은 의롭게 되어도 인간 안에 아담이 물려준 본성이 남아 있음으로 인해 완전해질 수가 없다고 생각한 것입니다. 또한 그가 볼 때, 교회 안에는 알곡도 있고 가라지도 있습니다. 도나투스파는 결국 극단의 율법주의로 빠지고 정죄를 일삼으면서 스스로 몰락의 길을 걷

---

91 De Baptismo, V, 39.

92 Hägglunt, Geschichte der Theologie, 94-98.

게 되고, 405년에 도나투스자들에 대항하는 칙령이 반포되면서 가톨릭교회의 승리로 끝나는 것 같았습니다. 하지만 이 칙령이 반포된 후에도 도나투스의 세력은 여전히 은밀하게 활동하고 있었고, 409년에 알라릭이 로마를 포위하게 될 때, 이들에게 관용이 허락되고 도나투스 감독 마크로비우스가 히포로 다시 돌아옵니다.

도나투스 주의자들이 다시 활동을 재개하자, 로마 황제 호노리우스는 집정관인 마르켈레우스를 그의 전권대사로 아프리카로 파송해서 이 문제를 매듭짓게 합니다. 그는 411년에 아프리카에 도착한 후에 도나투스파와 가톨릭교회의 감독들을 카르타고로 소환하여 소위 카르타고 회의(411년 6월 1일)를 개최합니다. 양쪽에서 대략 285명씩이 참여하여 거의 570명의 감독이 참여하는 대규모 회의가 열렸습니다. 그런데 마르켈레우스는 이 회의를 주재할 의장이 필요했고, 그가 추대한 사람은 당시 히포의 감독으로 활동하던 아우구스티누스였습니다.

아우구스티누스는 교회 일치와 이웃 사랑을 내세우면서 양보하는 쪽이 천국 시민이고 고집부리는 쪽이 땅의 시민이라고 말하면서 서로 양보를 하기를 원했지만, 도나투스파는 의도적으로 회의를 지연시키고 오직 배교하지 않은 감독에 의하여 받은 세례만 유효하다는 세례에 대한 그들의 기존의 입장을 포기하지 않았습니다. 하지만 아우구스티누스가 가르치고 가톨릭교회가 따르던 세례에 대한 입장이 더욱 세력을 얻어서 도나투스파 쪽의 감독들 중의 일부가 정통 가톨릭교회 쪽으로 넘어왔기 때문에, 결국은 가톨릭교회의 승리로 회의가 끝납니다. 회의가 끝난 후에 이 논쟁을 종결짓는 데 결정적인 공헌을 하였던 아우구스티누스는 사람들에게 회의의 최고 수훈자로 환호를 받았고 그가 머무르고 있던 집은 그를 찾아와 대화를 나누고 싶어 하는 사람들로 넘쳐 났습니다. 그런데 놀랍게도 한때 전에 그와 만난 적이 있었던 펠리기우스도 그 사람들 속에서 보였습니다. 마치 도나투스파들과의 전쟁이 끝난 후에 아우구스티누스와 새로운 전쟁을 준비하려는 사람처럼 그는 모든 과정을 지켜보고 있었던 것입니다.[93]

아우구스티누스와 도나투스의 논쟁은 여기에서 끝나지 않고 중세에도 계속되어집니다. 로마 가톨릭교회는 아우구스티누스의 입장을 계승하여 "행해진 행위로부터"(Ex opere operato), 즉 성례 행위 그 자체로 효력을 발생한다고 주장했지만, 이 객관적 성례 효력론은 이미 타락한 중세교회에서는 타락만 증가시키는 원인이 될 뿐이었습니다. 중세의 이단들인 카타리파 등의 이단들은 도나투스의 입장을 계승하려는 사람들이었습니다. 종교 개혁자 루터 역시, 초기에는 대체로 사제의 인격과 수세자의 신앙을 강조하는 도나투스적 입장을 취하지만, 1525년경에 접어들면서 토마스 뮌처와 같은 극단적 도나투스적 태도를 보인 영파나 재세례파와의 투쟁하면서, 성례 행위 그 자체로 효력이 나타난다는 아우구스티누스의 입장으로 기울여집니다. 이후의 개신교 종교 개혁자들과 그들의 후예들 중에는 도나투스적 성례관을 주장하는 사람들이 전혀 없지는 않았지만, 대체로 성례의 객관적 효력을 강조하는 아우구스티누스적인 입장을 취합니다.

---

93 Carlo Cremona, Augustinus, 2. Auflage, Benziger Verlag AG, 1995, 284-292.

2. 펠라기안 논쟁

신학사에서 약방의 감초처럼 자주 등장하는 주제가 "펠라기안 논쟁"입니다. 이 논쟁은 펠라기우스라는 오늘의 아일랜드 출신의 한 영국인으로부터 시작됩니다. 이 사람은 아일랜드에 있을 때 수도원에 들어가서 수사로서 철저하게 금욕적인 삶을 살았던 사람입니다. 그는 어떤 계기인지는 모르지만 400년 직전에 당시 로마 제국의 수도인 로마로 왔습니다. 학식이 있으면서도 금욕적 생활을 영위했고 회개를 외치는 설교자였으므로 교인들에게 인기가 좋았고 그 결과 장로로 뽑히게 되었습니다.

펠라기우스는 당시 로마 제국의 타락에 대하여 몹시 가슴 아파했습니다. 그는 로마 사회에 각종 죄악이 난무하는데도 불구하고 로마 교회의 교인들 역시 이런 타락의 흐름을 저항하지 않으려 하고 죄악에 휩쓸리고 즐기는 모습을 보았습니다. 그는 이런 교인들의 윤리적 타락의 원인이 바로 자유의지에 대한 잘못된 이해에 있다고 보았습니다. 당시 정통 교회의 감독들은 자유의지는 죄로 인하여 타락했고, 자유의지가 타락했으므로 인간은 율법을 지켜서 구원을 얻을 수가 없다고 가르쳤습니다. 하지만 당시에는 오직 그리스도를 믿음으로, 오직 은혜로만 구원을 받을 수 있다는 입장이 교회 안에 확고하게 정착되지 않았으므로, 교회의 선생들은 자유의지와 율법 준수에 관하여 서로 다른 주장들을 펼치게 되었고 이로 인하여 생기는 혼란을 수습하기가 쉽지 않았습니다.

펠라기우스의 주장은 다음과 같이 요약될 수 있습니다. 첫째, 아담은 자유의지를 가지고 있었다. 둘째, 아담은 그의 자유의지로 하나님께서 금하신 열매를 따먹었고 그 죄로 인해서 그는 형벌을 받아 죽었다. 셋째, 아담의 이 죄는 그의 후손들에게 생물학적인 유전에 의하여 전가되지 않는다. 넷째, 사람이 죽는 것은 아담 죄 때문이 아니라, 그 자신이 아담 죄를 모방해서 자신의 자유의지로 계명을 범해서 죽는 것이다. 다섯째, 만일 사람이 계명을 하나도 범하지 않으면 죽지 않을 수 있다. 여섯째, 유아는 아담의 죄로부터 자유롭게 무죄상태로 태어나므로 세례를 받아 죄를 씻고 악마를 내쫓을 필요가 없다. 즉 유아세례는 불필요하다.

우리가 흥미롭게 보아야 한 점은, 펠라기우스의 이런 주장들이 사도 바울에 관한 연구의 결실에서 나왔다는 사실입니다. 그는 전 세계에서 몰려온 수도사들과 순례자들과 바울에 관한 토론을 하면서 바울을 이해하려 애썼으며 자신의 이해를 『사도 바울의 서신에 대한 해석』 (Expositions of the Letters of St. Paul)이란 책을 통해서 알립니다.[94] 하지만 그는 바울을 아우구스티누스와 반대로 해석했습니다. 그러므로 인간의 자유의지와 인간의 노력을 통해서 구원을 받을 수 없고 오직 은혜를 통해서 오직 믿음으로만 구원을 받을 수 있다는 아우구스티누스의 입장을 정통 입장으로 보았던 가톨릭교회는 네스토리안을 정죄했던 431년의 에베소 공의회에서 그를 이단으로 규정하고 정죄했습니다.

하지만 이런 정죄 후에도 펠라기우스를 따르는 사람들의 세력은 없어지지 않았습니다. 그의 주장을 추종하는 사람들도 생겼는데, 그중에 가

---

94 Brown, Augustine of Hippo, 340-342.

장 유명한 사람이 귀족 가문 출신이었던 카엘레스티우스(Caelestius)였습니다. 아프리카에서 펠라기안 논쟁을 촉발시킨 사람은 사실 이 사람이었습니다. 그는 카르타고에 도착한 후에, 아우구스티누스가 가르쳐 왔던 원죄론과 유아세례에 대하여 문제제기를 하게 됩니다. 그는 이런 주장을 펼치면서도 장로가 되기 위해 장로 허가 신청까지 했지만, 아우구스티누스는 여섯 항목을 만들어 그를 정죄하고 그의 장로 신청을 단호하게 거절했습니다. 아우구스티누스는 카엘레스티우스의 이런 생각은 결국은 펠라기우스로부터 유래한 것으로 알고 몇 권의 책과 편지들을 써서 그의 입장들을 조목조목 반박합니다.

흥미로운 점은, 아우구스티누스가 한때 펠라기우스와 우호적인 관계를 가지고 지냈다는 사실입니다. 펠라기우스는 자신의 주장을 펼칠 때, 위에서 언급했던 마니교 반박서인 아우구스티누스의『자유의지에 관하여』라는 책에 나오는 문장들을 자주 인용을 했습니다. 이 책에서 아우구스티누스는 마니교의 자유의지에 관한 입장을 반박합니다. 마니교에서는 인간이 죄를 짓는 이유는 자신의 자유의지 때문이 아니라, 의지가 태어나면서부터 악의 수중에 떨어져 있기 때문에 필연적으로 죄를 짓는다고 주장했습니다. 아우구스티누스는 인간이 죄를 짓는 것은 하나님 때문이 아니라 인간이 자유의지로 죄를 짓는다고 주장했습니다. 하지만 펠라기우스는 이런 맥락을 무시하고 아우구스티누스가 자유의지를 주장하는 부분만 발췌하여 자신의 주장을 펼칩니다.

아우구스티누스 자신은 후기에 접어들면서 바울 서신들을 집중적으로 연구함을 통하여 젊었을 때의 자신의 주장을 상당히 많이 바꿉니다. 그는 구원에 있어서 신적 예정을 강조하고 자유의지의 무력함을 주장하는 바울의 로마서나 에베소서 등의 구절들을 통하여 인간의 자유의지는 죄로 인하여 전적으로 타락했다고 주장합니다. 그는 아담의 죄는 후손들에게 생물학적 유전을 통하여 전가되므로 인간은 태어나면서부터 자유의지를 가질 수 없는 상태에서 태어나며, 인간은 자유의지로 선을 선택할 수가 없고 계명을 지킬 수 없다고 봅니다. 그러므로 하나님은 구원을 우리 인간에게 책임지도록 하시지 않으시고 자신의 아들을 보내 주시어 그가 우리 대신 계명을 지키어 구원을 얻을 조건을 충족시켰다고 말합니다. 그러므로 인간이 구원을 받기 위해서는 오직 하나님의 은혜를 통하여, 그가 보내신 예수 그리스도를 믿음을 통해서만 가능하다고 주장합니다.

아우구스티누스는 펠라기우스가 이해한 바울과 완전히 다른 바울 이해로 그의 입장을 반박합니다. 그가 볼 때, 바울은 자유의지를 옹호하는 펠라기우스의 입장을 정면으로 반박한다고 봅니다. 바울에 의하면, 아담은 자신의 자유의지로 죄를 범했습니다. 그리고 그의 죄 때문에 하나님의 심판을 받아 사망에 이르렀습니다. 하지만 그의 죄는 생물학적인 유전에 의하여 그의 후손들에게 전가(轉嫁: reputatio)됩니다. 그러므로 인간은 태어나면서 아담 죄를 가지고 태어납니다. 따라서 유아들도 죄인들로 태어납니다. 그러므로 구원을 받으려면 교회에서 베푸는 세례를 통하여 원죄를 씻어야 합니다. 세례 없이는 죄사함도 없고 악에서 풀려날 수도 없기 때문입니다. 그는 자신의 이런 주장들을 『형벌과 죄의 사면 그리고 유아들의 세례』, 『영과 문자에 관하여』, 『자연과 은혜』 그리고 『율리안을 반박함』 등에서 피력했습니다.

1) 공로의 죄악성과 사면 그리고 유아들의 세례에 관하여(De peccatorum mertis et remissione et de baptismo parvulorum:411)

이 책은 아우구스티누스가 로마의 호민관이면서 로마 황제의 사신으로 와서 펠라기안주의자들을 반박하는 책을 써 달라는 마르켈리누스(Marcellinus)의 부탁을 받고 쓴 책입니다. 이 책은 세 권으로 이루어진 책인데, 그는 이 세 권을 통하여 펠라기아누스가 주장한 핵심 내용들에 대하여 조목조목 반박합니다.

아우구스티누스는 첫 번째 책의 서론에 해당하는 장들에서 호민관 마르켈리누스가 그에게 물어보았던 펠라기우스의 네 가지 질문을 요약 소개합니다. 그가 문제를 삼았던 펠라기우스의 주장은 네 가지입니다. 첫째, 아담이 범죄 하지 않았다 하더라도 그는 틀림없이 죽었을 것이다. 둘째, 아무것도 그의 죄로부터 생식을 통하여 후손들에게 전가되지 않았다. 셋째, 유아세례에 있어서 문제가 되는 것은 죄의 사면이 아니다. 넷째, 죄를 전혀 범하지 않았던 사람들이 지금도 있고 옛날에도 있었고 앞으로도 있을 것이다.[95]

그는 먼저 아담이 타락하지 않았다면 죽지 않았을 것이라는 펠라기우스의 주장에 대하여, 아담은 죄를 지어서 타락을 했고 타락을 했으므로 하나님의 형벌을 받아 죽게 되었으며,[96] 죽음은 아담이 지은 죄에 대한 형

---

95 Rochus Habitzky, Erläuterungen zu 『Strafe und Nachlassung der Sünden』(형벌과 죄의 사면에 대한 해제), 569: Aurelius Augustinus, De peccatorum mertis et remissione et de baptismo parvulorum, Schriften gegen die Pealgianer, Band I, lateinisch-deutsch, Augustinus-Verlag Würzburg, 1971.

96 De peccatorum mertis et remissione, 55-59.

벌로써 온 것이며,[97] 그리고 로마서 5:12절을 근거로 아담의 죄가 후손들에게 전가된 것은 펠라기우스가 주장한 바처럼 단지 후손들이 아담의 죄를 모방(模倣)했기 때문이 아니라고 말합니다.[98] 그는 롬 5:12절 이하의 구절들에서 사용된 아담과 그리스도의 병행은 원죄(peccatum originale)가 있다는 사실을 증명하고 있으며,[99] 이 원죄가 아담의 후손들에게 전가되었고 이 원죄는 세례를 통해서만 없어지며, 이 원죄 때문에 유아들도 세례를 받아야만 한다고 주장합니다.[100]

그는 아주 분명하게 그리스도는 신생아들을 위해서도 구주이고 구원주가 되시며, 그리스도는 참 빛으로서 신생아들에게도 빛을 비추어 주어야 하는데, 이는 그들이 어둠 속에 머무르지 않도록 하기 위함이라고 말합니다.[101] 그는 더 나아가 모든 사람들이 그리스도를 통하여 구속을 받아야 한다는 주장은 성경에 근거한 것으로써, 성경은 곳곳에서 여기에 대하여 증거하고 있다고 강변합니다.[102]

아우구스티누스는 계속 롬 5:12절 이하의 내용을 근거로, 한 사람 아담을 통하여 모든 사람들에게 멸망이 임하게 되었고, 역시 한 사람 예수님을 통하여 모든 사람에게 칭의가 임하게 되었다고 주장합니다.[103] 그는 또한 요 3:1절 이하의 말씀들을 근거로 세례가 죄의 사면을 위해 제정되었

---

97 De peccatorum mertis et remissione, 59-65.

98 De peccatorum mertis et remissione, 65-74.

99 De peccatorum mertis et remissione, 75-83.

100 De peccatorum mertis et remissione, 83-95.

101 De peccatorum mertis et remissione, 103-111.

102 De peccatorum mertis et remissione, 111-135.

103 De peccatorum mertis et remissione, 135-139.

으며,[104] 교회의 세례 의식은 죄를 제거해 주는 효과를 가져다주는 의식이므로, 유아들을 포함해서 모든 사람들이 세례를 받아야 한다고 주장합니다.[105] 그는 세례를 통하여 죄를 제거 받아야 할 아이들은, 그 아이들이 지은 개인의 죄들 때문이지 그 아이들이 아담의 죄를 가지고 태어났기 때문이 아니라고 주장하는 자들에 대해서도 반박하며 유아들이 세례를 받아야 할 이유는 아담이 물려준 원죄 때문이라고 분명히 말합니다.[106]

아우구스티누스는 이제 이 책의 두 번째 책으로 넘어가 땅 위에서 죄 없는 삶을 영위하는 사람이 있다고 주장하는 펠라기우스의 주장을 반박합니다. 그는 펠라기우스가 인간의 의지를 너무 낙관적으로 판단하고 있기 때문에 이런 어리석은 주장을 펼치고 있다고 말하면서,[107] 인간의 의지는 선을 행하기 위해서 하나님의 도움을 필요로 하며, 아담의 죄로 인하여 자유의지가 죄에 매여 태어나기 때문에 땅 위에서 죄 없이 사는 사람은 없다고 주장합니다.[108] 그는 이 땅 위에 살아가는 그리스도인들은 이미 하나님의 자녀들(filios dei)이지만, 그럼에도 아직 세상의 자녀들(filios mundi)이고 그 때문에 아직 죄로부터 완전히 자유하지 않다고 분명히 말합니다.[109]

이 책의 이후의 내용들은 여기까지의 내용의 부연 설명이라고 볼 수

---

104 De peccatorum mertis et remissione, 139-151.

105 De peccatorum mertis et remissione, 151-153.

106 De peccatorum mertis et remissione, 153-163.

107 De peccatorum mertis et remissione, 167-173.

108 De peccatorum mertis et remissione, 173-179.

109 De peccatorum mertis et remissione, 179-185.

있습니다.[110] 그는 이 책을 통하여 앞에서 언급했던 펠라기우스가 주장했던 네 가지 주장들을 바울 서신들의 여러 구절들에 근거하여 반박합니다. 그는 아담이 죽은 것은 그가 하나님께 죄를 지었기 때문이고, 아담의 죄는 생식을 통하여 후손들에게 전가되었으며, 유아도 세례를 받아야만 하는 이유는 그 역시 아담의 원죄를 가지고 태어나기 때문이고, 죄를 전혀 범하지 않았던 사람들은 지금도 없고 옛날에도 없었고 앞으로도 없을 것이라고 분명히 말합니다.

2) 영과 문자에 관하여(De spiritu et littera)

이 책은 아우구스티누스가 펠라기우스를 비판하기 위해 쓴 책들 중에서 나중에 개신교 종교 개혁자들에게 가장 유명해진 책입니다. 루터와 칼빈과 같은 종교 개혁자들이 당시 로마 교회의 반(半)펠라기안주의(Semipelagianism)를 비판하기 위해 이 책자를 가장 많이 인용했기 때문입니다.

이 책에서 아우구스티누스는 펠라기우스를 따르는 자들이 퍼뜨리는 매우 위험한 주장을 소개합니다. 이들은 이 땅 위에서 죄 없이 살았고 지금도 죄 없이 살고 있는 그런 사람이 있다고 주장하는 사람들입니다. 그는 이들의 주장에 대하여, 이 땅 위에는 자유의지에도 불구하고 죄 없이 발견되는 어떤 인간도 없다는 것이 성경의 증거를 통하여 분명히 확인되므로,[111] 하나님의 도움 없이 인간의지의 힘이나 인간 자신의 의로움을 통

---

110 De peccatorum mertis et remissione, 186-301.

111 Augustinus, De spiritu et littera, Schriften gegen die Pealgianer, Band I, lateinisch-deutsch, Augustinus-Verlag Würzburg, 1971, 304-305.

해서 이 완전함에 도달하거나 꾸준히 그를 향해서 전진할 수 있다고 여기는 자들에게는 아주 날카롭고도 사정없이 저항해야 한다고 말합니다.

아우구스티누스는 더 나아가 펠라기우스를 추종하는 자들의 일관되지 않은 행동들에 대하여서도 비판합니다. 그들은 하나님의 도움 없이도 인간 자신의 의로움을 통해서 완전함에 도달하거나 꾸준히 그를 향해서 전진할 수 있다는 주장을 어떻게 펼칠 수 있게 되었느냐는 질문 공세를 받게 될 경우에, 이런 질문에 대한 대답은 회피하고 비겁하게 뒤로 물러서서는 이 주장을 펼치려고 하지 않는데, 그 이유는 그들이 이런 주장이 얼마나 불경하고 주장해서는 안 되는 것인지를 알기 때문이 아니겠느냐고 반문합니다.

그는 펠라기우스의 추종자들의 또 다른 주장을 비판합니다. 그들은 하나님께서 인간의 의지를 창조하실 때에, 자유롭게 결단을 할 수 있는 능력을 갖추게 하셨을 뿐만 아니라 계명들을 주시어 인간이 어떻게 살아야 할지를 가르치는 방법으로 그들을 도우신다고 주장했습니다. 아우구스티누스는 그들의 이런 그럴싸한 변명 역시 억지 변명이라고 말합니다. 그는 그들이 하나님께서 인간에게 이렇게 가르치심을 통해서, 인간이 자신의 무지를 제거하게 하시며 자신의 행위들 안에서 무엇을 피하며 무엇을 사모해야만 하는지를 알게 하셨으므로, 인간이 선천적으로 주어진 자유의지를 가지고 이미 제시된 길을 가며 꾸준히 그리고 의롭고 경건하게 살게 되면 축복되고 영원한 삶에 도달하게 되는 것이라고 주장하는데, 이들의 이런 궤변은 자유의지의 힘을 잘못 평가하고 있기 때문에 생기는 것이라고 말하면서 그들을 비판합니다.[112]

---

112 De Spiritu et littera, 306-307.

아우구스티누스는 펠라기우스의 이런 주장을 단호하게 반박함과 동시에 인간의 의지가 의의 성취에 도달하는 다른 방법을 소개합니다. 그는 우리가 하나님의 도움을 받아야 한다는 펠라기우스의 주장을 인정하지만, 그와 전혀 다르게 설명합니다. 그 역시 하나님께서 우리에게 자유의지를 부여하셨고 우리가 어떻게 살아야 할지를 가르쳐 주시기 위해서 율법을 주셨음에 대하여서 인정합니다. 하지만 그는 인간은 의의 성취에 도달하기 위해서는 반드시 성령의 도움을 받아야 한다는 사실을 강조합니다. 그는 성령으로 인해서 인간의 영혼에 그 지고하며 불변하신 선, 곧 하나님을 향한 즐거움과 기쁨이 일어나며, 성령은 흡사 은혜의 보증같이 우리에게 주어졌기 때문에, 우리는 성령을 통하여 창조주에게 매달리고 그런 참된 빛에 참여하기를 열망하게 된다고 말합니다.

그는 계속하여 진리의 길이 숨겨져 있다면, 자유의지는 죄짓는 것을 바라는 것밖에 다른 것을 할 수가 없다고 말합니다. 그리고 행해야 할 것이 무엇인지가 분명하고, 그것을 행해야 할 수단이 뚜렷하다 할지라도, 그것이 기쁨을 주고 또 사모하게 되지 않는다면, 그것을 행할 수 없고 얻을 수도 없으며 그리고 선하게 살 수도 없다고 말합니다. 그는 우리가 하나님을 기뻐하도록 하기 위해서 하나님의 사랑이 우리 마음에, 우리의 자유의지를 통해서가(per arbitrium liberum) 아니라, 우리에게 주어진 성령을 통해서(per Spiritum Sanctum) 부으신 바 되었다(롬 5:5)고 말합니다. 아우구스티누스는 위의 가르침들을 통해서 자유의지의 존재를 인정하지만 성령의 도움을 받지 않는 한 자유의지는 죄짓는 일밖에 할 수 없다고 분명히 주장합니다.

아우구스티누스는 펠라기우스와 그의 추종자들이 이런 어리석은 주장을 펼치게 된 근본적인 이유는 그들이 성경을 바로 해석하지 못했기 때문이라고 보았습니다. 그가 볼 때, 그들은 성경을 영으로가 아니라 문자로 해석했습니다. 그는 그들이 사도 바울이 왜 "문자는 죽이는 것이요 영은 살리는 것"(고후 3:6)이라는 주장을 했는지 그 이유를 알지 못한 사람들이라고 말하면서, 이 구절을 어떻게 해석해야 할지를 가르쳐 줍니다. 그는 "문자는 죽이지만 영은 살린다."(고후 3:6)는 이 구절은 먼저 상징적으로(figurate) 이해해야 한다고 말합니다. 이 구절은 그 속성이 모순인 어떤 것을 비유로 기록한 것처럼, 즉 소리 나는 대로가 아니라, 의미하는 것을 눈여겨보면서 영적인 지식으로 속사람을 살찌우는 방식으로 받아들여야 합니다. 왜냐하면 육의 생각은 사망이요, 영의 생각은 생명과 평안(롬 8:6)이기 때문입니다. 그는 아가서의 예를 들면서, 만일 누군가가 아가서의 몇몇 구절들을 육적으로(carnaliter) 이해한다면, 그 구절들은 빛으로 가득한 사랑의 열매로가 아니라 제어되지 않은 욕망에 대한 격렬한 요구로서 이해가 될 것이라고 말합니다.[113]

하지만 그는 지금까지 교회 안에서 전승되어 온 이런 상징적인 방법으로만 이 구절이 이해되어서는 안 된다고 주장합니다. 그는 다른 해석 방법을 제시하는데, 문자는 율법을 가리키며 영은 성령을 가리킨다고 해석합니다. 그래서 그는 율법은 그 자체로 거룩하고 완전한 하나님의 법이지만 성령의 도움이 없이는 죽이는 법이 될 수밖에 없다고 말합니다. 그는 "너는 탐내지 말라"(출 20:17)의 계명을 가지고 이 관계를 설명합니다. 그는 모든 죄가 욕망을 통해서만 행해지기 때문에 이런 계명을 세우는 법은 선하고 칭찬받을 만하지만, 악한 욕망 대신에 선한 욕망을 흘러들어 오게

---

113 De Spiritu et littera, 306-309.

하는 성령이 돕지 않으시면, 즉 성령이 우리 마음에 사랑을 부어 주시지 않는다면(롬 5:5), 그런 법은 그것이 아무리 선하게 보인다 할지라도, 그의 금지를 통하여 도리어 악한 욕망을 증가시킬 뿐이라고 말합니다.[114]

그는 이어지는 구절들에서도 "문자는 죽이는 것은 영은 살리는 것이요"라는 사도의 이 구절을 상징적 어법으로 해석하기보다는, 명백히 악을 금지하는 율법을 목적으로 하고 있다고 해석해야 한다고 제안합니다. 그는 선하고 거룩한 삶은 은혜의 선물임을 분명히 합니다. 하지만 그는 비록 하나님께서 인간에게 자유의지를 주시고 어떻게 살지를 알려 주는 계명을 주신 것 자체가 은혜의 선물이지만(펠라기우스의 주장), 그럼에도 불구하고 그가 성령을 통하여 사랑을 신자들의 마음에 부으시기 때문에 선하고 거룩한 삶이 가능해진다고 말합니다. 즉 성령을 통하여 하나님의 사랑이 우리 마음에 부어지지 않는다면 율법은 그 자체로 선하고 거룩한 율법이지만 그럼에도 우리를 살리는 것이 아니고 죽이며,[115] 율법의 문자가 우리에게 우리가 죄를 범해서는 안 된다고 가르친다고 해도, 살게 하시는 성령이 없으면 그 문자는 우리를 죽이며, 죄를 짓지 못하게 막아 주기보다는 도리어 죄를 인식하도록 이끌고 그 때문에 죄를 경감시켜 주기보다는 증가시켜 준다고 말합니다.[116]

아우구스티누스는 율법의 계명들을 자유의지의 힘으로 성취할 수 있다고 생각하는 펠라기안 주의자들의 의견을 계속 반박합니다. 그는 율법의 계명들을 은혜의 성령의 도움이 없이 성취할 수 있다고 생각하는 자들

---

114 De Spiritu et littera, 308-311.

115 De Spiritu et littera, 310-311.

116 De Spiritu et littera, 312-313.

은, 그들이 그것들을 형벌에 대한 두려움으로 행할 뿐이지 의에 대한 사랑으로 행하는 것이 아니라는 사실을 모른다고 말합니다.[117] 그는 펠라기안 주의자들이 "우리도 우리의 칭의의 원인자로서 하나님을 찬양하는데, 이는 하나님께서 우리에게 율법을 주셨고 우리는 그 율법을 고찰함을 통하여 우리의 삶을 어떻게 영위해야 하는지를 알게 된다."고 말하고 있음을 언급하면서, 그들이 사도 바울이 말한 바를 잘 알지 못하기 때문에, 이런 의식법 등을 통하여서는 의의 성취에 도달하는 것이 아니라 단지 죄를 인식할 뿐이라는 사실을 알지 못하고 있다(롬 3:20)고 말합니다. 그는 유대인들을 비롯해서 펠라기안 주의자들이 율법을 통해서는 결국 하나님의 의가 아니라 인간의 의만 세울 뿐이라고 지적하면서, 그들이 인간의 의를 세우려고 하나님의 의를 막고 있다고 말합니다.[118]

아우구스티누스는 이런 맥락에서 "하나님의 의(iustitia Dei)"를 언급하면서 인간은 이 하나님의 의를 믿음으로서만 구원을 받을 수 있다고 강변합니다. 그는 먼저 "이제는 율법 외에 하나님의 한 의가 나타났으니 율법과 선지자들에게 증거를 받은 것이라"(롬 3:21)라는 구절을 인용하면서 펠라기안 주의자들이 "하나님의 한 의가 나타났다"는 이 말씀이 울려 퍼지고 있는데도 귀머거리처럼 듣지 못하고 있다고 비판합니다. 그는 이 하나님의 의는 이 의를 통해서 하나님 자신이 의로우신 분이시라고 해석해서는 안 되며, 도리어 "그가 죄인에게 옷 입혀 주어서 그를 의롭게 만들어주시는 의"[119]로 해석해야 한다고 말합니다.

---

117 De Spiritu et littera, 322-323.

118 De Spiritu et littera, 322-325.

119 iustitia Dei, non qua Deus iustus est, sed qua inducit hominem, cum iustificat impium.

나중에 종교 개혁자 마틴 루터가 1515-1516년에 로마서 강의를 할 때 이 구절을 인용합니다. 그는 롬 1:17절을 해석할 때, 아우구스티누스의 이 구절을 그대로 인용하면서 하나님의 의를 그 의로서 "죄인을 심판하시는 의"가 아니라 그 의로서 "죄인을 의롭게 만들어주는 의"로 해석합니다. 그런데 후세 사람들은 마치 루터가 하나님의 의에 대한 새로운 진리를 발견한 것처럼 생각합니다. 루터는 아우구스티누스의 도움을 통하여 하나님의 의를 비롯한 바울이 사용하는 여러 용어들을 새로 이해하게 되었다고 말해야 옳습니다.

이어서 아우구스티누스는 이 하나님의 의는 예수 그리스도에 대한 신앙에 근거해서, 예수 그리스도에 대한 믿음을 통하여(per fidem Jesu Christi) 예수 그리스도를 믿는 사람들에게 선물로 주어진다고 말합니다. 그는 예수 그리스도에 대한 믿음 역시 하나님의 의와 마찬가지로 예수 그리스도가 믿음이 있다고 해석하지 말고, 예수 그리스도로 말미암아 신자가 가지는 믿음으로 해석해야 한다고 말합니다.[120]

그는 이어지는 내용들에서 반복적으로 인간이 의롭게 되는 것은 율법 계명을 지킴을 통해서가 아니라 예수 그리스도를 믿음을 통해서라는 사실을, 그리고 믿는 자 역시 계명을 성취할 의무가 있으나 그것은 오직 우리 마음에 하나님의 사랑을 부으시는 성령의 도움을 통해서만 가능함을 계속 강조하고 있습니다. 그는 이런 방법이 예레미야에서 옛 언약과 새 언약의 대조 속에서 가르쳐지고 있고 바울 서신 곳곳에서 가르쳐지고 있다고 말하면서, 오직 예수 그리스도를 믿음을 통한 칭의와 성령의 도움을 통한 율법의 성취, 이를 통한 의롭고 거룩한 삶의 영위를 강조합니다.

---

120 De Spiritu et littera, 324-325.

아우구스티누스는 이 책을 통하여 자유의지를 가지고 율법을 지킴을 통하여 구원을 얻는다는 펠라기안 주의자들의 가르침을 완전히 무너뜨립니다. 반대로 그는 죄인은 오직 은혜를 통하여 예수님을 믿는 자들에게 값없이 주시는 하나님의 의를 믿음을 통하여 의롭게 되며, 성령의 도움을 통하여서만 계명을 성취할 수 있다는 진리를 천명합니다. 그리고 이를 통하여 종교 개혁자들에게 지대한 영향을 미치게 됩니다.

3) 율리아누스를 반박함(Contra Julianum)

아우구스티누스는 그의 인생의 노년에 아에클라눔(Aeclanum) 출신의 율리아누스(Julianus)라는 천적이라 말할 만큼 그를 물고 늘어지는 감독을 만나서 지금까지의 모든 싸움들 중 가장 치열한 싸움을 벌입니다. 두 사람은 의지의 자유, 예정, 원죄와 결혼, 리비도와 이성, 천국과 현재 세계의 비참 등에 대하여 논쟁을 하는데, 서로 어떤 일치점도 찾을 수 없었는데, 이는 그들이 전혀 다른 전제들로부터 논쟁을 시작하였기 때문이었습니다.

아우구스티누스는 히포의 감독이 된 후인 397년부터는 그때까지의 그의 삶과는 달리 기독교에 대한 새로운 해석을 제공합니다. 이제 그의 해석은 지금까지 계속 영향을 받아 왔던 고대 철학의 세계 이해나 이성 이해와 합의할 수 없게 되었습니다. 그는 이제 더 이상 이성과 계시의 조화를 추구하는 신학자가 아니었습니다. 율리아누스는 이런 변화된 아우구스티누스를 바울을 지나치게 극단적으로 해석하여 잘못 해석하는 데 이르게 되었다고 비판합니다. 아우구스티누스가 그의 이런 공격을 반박하는 반박서들을 내면서 이 두 사람의 논쟁은 12년 동안이나 지속되었습니다.

그러면 먼저 율리아누스라는 사람이 어떤 사람이었는지를 알아봅시다. 율리아누스는 그의 뛰어난 학식으로 인해 416-417년에 아에클라눔 (이탈리아 캄파니아 주에 위치함)에서 감독으로 선출되었습니다. 하지만 그는 펠라기우스를 이단으로 정죄했던 교황 조시무스가 작성한 서류에 서명하기를 거절함으로 교회에 문제를 일으켰습니다. 당시의 로마 황제 호노리우스는 펠라기우스의 주장을 잘못된 교리로 선포하고 펠라기우스를 지지하는 감독들을 로마 제국 내에서 활동하지 못하도록 명령했습니다. 그래서 펠라기우스의 입장을 옹호했던 율리아누스는 유배를 당해 길리기아와 콘스탄티노플에서 살다가 오십 살에 이탈리아의 시칠리아에서 죽었다고 알려져 있습니다.

율리아누스는 펠라기우스의 입장을 지지했습니다. 위에서 말씀드렸던 대로 펠라기우스와 그의 제자 카엘레스티우스는 아담은 선악과를 따먹는 원죄를 짓지 않았어도 죽었을 것이라고 말하면서, 원죄의 유전을 주장하는 아우구스티누스의 원죄론을 비판했습니다. 그는 본성과 죄에 대하여 아우구스티누스와 다른 주장을 펼쳤습니다. 그는 특히 유아세례를 비판했습니다. 아이들은, 교회가 그들을 악마의 속박에서 풀어 주기 위해 베푸는 세례를 받을 필요가 없는데, 이는 아이들은 태어나면서 아담의 죄를 지니고 태어나지 않기 때문이라고 주장했습니다.

아우구스티누스는 앞에서 살펴보았던 것처럼 412년부터 펠라기우스와 전투를 치렀고 결국은 승리에 도달했습니다. 하지만 418-419년 겨울부터는 펠라기우스의 주장을 계승한 율리아누스와의 싸움이 시작되는데, 이 싸움은 그가 사망하였던 430년 8월 28일에 가서야 끝나게 될 정도로 치열하게 전개되었습니다. 율리아누스 때문에 아우구스티누스는 많은 양의 책들을 저술했는데,[121] 대표적인 책은 율리아누스가 419년에 『소란을 피우는 사람들에게』(Ad Turbantium)를 써서 그를 공격했을 때, 이 책을 반박하기 위해 그가 421-422년에 썼던 『율리아누스를 반박함』(Contra Julianum)입니다.

먼저, 율리아누스가 아우구스티누스의 원죄의 전가 교리를 어떻게 이해했는지를 살펴봅시다. 율리아누스에 의하면, 아우구스투스는 원죄의 전가 교리를 성적 교제와 결합시켰습니다. 아담의 원죄는 우리 인간 본성에 분명한 영향을 주었고 이로 인해 처음에 순전했던 본성이 타락했습니다. 이런 타락을 가장 명확히 볼 수 있는 곳이 남녀의 성적 교제인데, 인간은 타락으로 인해 성욕을 조절하고 싶어도 조절할 수 없는 통제 불능의 상태에 도달하게 되었습니다. 성적 충동인 리비도와 같이 남자의 성적 충동뿐만 아니라 먹고 마시는 등의 다른 감각적 향유들도 이런 욕정에 속합니다. 아담의 후손들은 누구든지 정욕을 거부할 수 없는 아담 본성을 유전을 받고 태어남으로 인간은 태어나면서 죄인으로 태어납니다. 유아조차도 원죄인 욕망(Concupiscentia)을 가지고 태어나며, 이런 원죄는 오직 세례를 통하여 제거될 수 있으므로 유아도 반드시 세례를 받아야 합니다. 이런 이유로 결혼한 사람보다 처녀로 사는 것이 더 나은 삶입니다.

우리가 이런 율리아누스의 아우구스티누스의 원죄론 이해를 살펴볼 때, 그가 그를 잘못 해석했다고 볼 수밖에 없습니다. 아우구스티누스가 이런 주장을 할 때, 그는 철저히 자신이 그 당시 전념했던 바울 연구를 통해 원죄의 전가를 주장하고 있기 때문입니다. 율리아누스는 자의적으로

---

121 『라틴 교부 전집』(Magnes Patrologia Latina) 44권과 45권에 수록되어 있다.

해석한 아우구스티누스의 원죄의 전가 이론을 바탕으로 그의 이론을 비판하고 있습니다. 그의 주장을 계속 들어 봅시다.

율리아누스는 아우구스티누스가 욕망을 통하여 원죄가 전가된다고 주장하는데, 이런 주장은 "하나님은 영혼을 창조하고, 악마는 성적 욕심을 통하여 육체들을 창조한다."고 주장하는 마니교의 이원론적 입장이지, 기독교적인 창조론의 입장이 전혀 아니라고 그를 비판했습니다. 율리아누스는 아우구스티누스의 원죄론이 마니교의 새로운 변이(變異)임을 증명하려고 시도했습니다. 즉 아우구스티누스의 주장은 옛 기독교와 옛 교회의 가르침들과 397년 이전에 그 자신이 썼던 글들에 나오는 입장과의 단절이라고 비판했습니다. 율리아누스는 특히 아우구스티누스의 『결혼과 욕망에 관하여』(De nuptiis et concupiscentia)에 나오는 내용에 대하여 심각한 문제 제기를 했습니다. 아우구스티누스는 욕망을 죄의 결과로서 생긴 것이고 새로운 죄들을 짓도록 하는 충동으로서 나쁘다고 선언했지만, 율리아누스는 욕망을 하나님께서 인간과 동물과 같은 모든 생물의 추동력으로 정해 놓은 것으로 간주하였고, 이런 욕망을 비방하는 것은, 곧 창조주 하나님을 비방하는 것과 다름없다고 주장했습니다.

아우구스티누스는 자신의 주장을 왜곡하는 율리아누스의 주장들에 대하여, 사도 바울의 로마서에 있는 구절들과 초대 교회 교부들의 책들에 나오는 문장들, 특히 암브로시우스와 키프리아누스의 책들의 구절들을 통하여 반박하였습니다. 그는 결혼의 가치를 언급하면서, 육체도 감각 기관들도 나쁘지 않은데, 이것들은 하나님께로부터 온 것이기 때문이라고 말합니다. 그는 하지만 성적 충동 속에서 죄와 악마가 지배한다고 보았으며, 영에 대한 이런 육체의 분열을 악하고 비천한 것으로 느꼈습니다. 하지만 율리아누스가 볼 때, 이런 감각적 욕정은 인간의 육체적 본성에 속한 것이며, 이것들이 없이는 "생육하고 번성하라"는 하나님의 위임 명령이 성취될 수 없을 것이라고 봅니다. 그가 볼 때, 이것은 결혼의 축복에 속한 것이고, 이것들을 악마화한다면, 결혼도 던져 버려야 한다는 생각이 귀결될 것이라고 말하면서 아우구스티누스를 비판합니다.

아우구스티누스는 아담의 죄는 가장 큰 범죄였고 인간 본성을 더럽혔고 리비도를 혼동 속에 집어넣었고, 죽음과 질병 그리고 여자의 산통을 가져다주었으며, 만일 아담이 죄를 짓지 않았더라면 죽지 않았을 것이고, 하와는 산통을 가지지 않았을 것이라고 말하며 율리아누스의 입장을 반박합니다. 하지만 율리아누스는 죽음은 출생으로부터 본래 인간의 삶에 속해 있었지, 죽은 먼 조상들의 범죄에 대한 형벌이 아니라고 주장합니다. 또한 여성이 출산의 고통을 갖는 것은 여성의 해부 구조(anatology) 때문이지 하나님의 진노 때문에 생기는 것이 아니라고 말합니다. 그는 리비도 역시 죽음과 같이 생명에 속하며, 리비도는 모든 활동을 하게 하며 선한 것이 분명하지만, 단지 리비도를 과도하게 사용하는 것은 비판을 받아야 한다고 주장합니다. 이 두 사람의 논쟁은 순수한 논쟁만이 아니라 로마와 라벤나와 아프리카 감독들 사이의 권력관계와 맞물려 있었습니다. 아우구스티누스의 율리아누스 반박서들은 결국 율리아누스와 18명의 감독의 면직과 추방을 정당화하는 데 공헌했습니다.[122]

---

122 Kurt Flasch, Kampfplätze der Philosophie: Große Kontroversen von Augustin bis Voltaire, Vittorio Klostermann, Frankfurt am Main 2008, 11-22.

4) 세 권의 펠라기안 반박서를 통해 바울의 신학자로 되어 감

지금까지 형벌과 죄의 사면, 영과 문자에 관하여 그리고 율리아누스의 반박에 나타난 원죄에 관한 아우구스투스의 주장을 살펴보았습니다. 우리가 이런 그의 주장을 살펴보면 그가 이 전보다 훨씬 더 많이 바울의 영향을 받고 있음을 알 수 있습니다. 그는 바울을 본격적으로 연구하면서 바울에 대하여 마니교도들의 해석들 그리고 펠라기안 주의자들의 해석을 뒤엎고 완전히 다른 바울 해석을 내놓습니다. 그는 이 세 책을 통하여 그는 이제 훨씬 더 바울적인 신학자로 바뀌게 되고 자신이 이 책들을 쓰기 이전에 펼쳤던 사상들과도 어느 정도의 차이를 가져오게 됩니다.

그런데 이후 중세의 로마 가톨릭교회의 신학자들은 이런 아우구스티누스의 바울 해석을 그대로 계승하지 못했습니다. 그는 바울이 원죄와 더불어 인간의 본성의 전적 타락과 전적인 은혜를 통한 구원을 강조하고 있다고 보았는데, 로마 가톨릭교회의 주요 신학자들이 그의 가르침을 강조하지 않습니다. 아우구스티누스의 주장은 신인협동(神人協同)을 통한 구원을 주장하는 로마 가톨릭의 구원론과 대치되는 주장이므로 로마 가톨릭교회는 은혜일변도적인 이런 펠라기안 반박서들을 크게 강조하지 않습니다. 하지만 종교 개혁자들인 루터와 칼빈 같은 신학자들은 이런 펠라기우스 반박서들을 매우 귀중한 진리의 보고로 간주하고 이 책들에 근거하여 원죄와 전적타락 그리고 오직 은혜를 통한 구원을 강조했습니다. 개신교적으로 아우구스티누스를 연구한다는 것은 곧 이런 책들을 중심으로 그를 연구한다는 말과 같은 말입니다.

마지막 대작인
신국론(De civitas dei)과 죽음

아우구스티누스는 자신의 인생의 마지막 시간들에 혼신의 힘을 다하여 『신의 도성』이라는 책 집필에 전념합니다. 그는 이 책에서 인류를 땅의 도성(De civitas terrenae)과 하나님의 도성(De civitas dei)이라는 두 도성으로 구분하고 이 두 성의 기원과 역사 그리고 종국에 대하여 자신의 생각을 피력합니다. 그는 가인으로부터 시작하는 땅의 도성에 관하여 쓰기 위해 그리스와 로마의 역사를 자세히 살펴보고 믿을 만한 역사가들의 책들 중에서 중요한 부분들을 인용하고 있고, 동시에 아벨로부터 시작하는 하나님의 도성의 기원, 발전, 목적은 주로 성경을 근거로 해서 쓰고 있습니다. 이 책은 기독교 역사철학책으로서 이 분야에서 전무후무한 책이라고 말씀드릴 수 있습니다. 그는 여기에서 기독교 역사관뿐만 아니라 기독교 주요 진리들에 대하여 자신의 마지막 생각들을 정리하여 전달해 주고 있습니다. 그는 이 책을 413년 초에 시작하여 426년 봄에 마칩니다. 그야말로 그의 마지막 남은 힘을 다 쏟아부어 쓴 불후의 대작입니다.

1. 집필 목적과 시기

아우구스티누스는 427년에 쓴 『재고』(Retractions)에서 자신이 이 책을 왜 쓰게 되었는지에 대하여 그리고 이 책이 어떻게 구성되어 있는지에 대하여 다음과 같이 말해 주고 있습니다.

"이 당시에 로마는 알라릭(Alaric) 왕이 이끄는 고트족에 의하여 약탈당함으로(410) 입은 재앙에 대해 크게 상심하고 있었다. 많은 거짓 신들을 섬기는 사람들, 곧 우리가 보통 이교도라고 부르는 사람들은 이 재앙에 대해 기독교에 책임을 돌리려고 하며 예전보다 더 격렬하고 심하게 참된 하나님을 모독하기 시작했다. 이로써 나는 하나님의 집에 대한 열정이 불타서, 그들의 모독과 거짓말을 반박하기 위하여 『하나님의 도성』을 저술하기 시작했다. 다른 작업들이 개입되었기 때문에 이 일에는 오랜 시간이 걸렸다. … 그러나 『하나님의 도성』에 담긴 엄청난 작업은 결국 22권으로 완성되었다. … 첫 다섯 권은 번영과 고난을 신들의 숭배나 그 숭배에 대한 금지의 탓으로 돌리는 사람들을 반박한다. 다음 다섯 권은 사람들에게 재앙이 결코 면제되는 것은 아니지만, 신들을 숭배하면 죽음 이후의 내세에 도움이 된다고 주장하는 사람들에 대한 반론이다. 이 작업의 두 번째 부분에서는 12 권이 포함되어 있다. 첫 번째 네 권은 두 도성 즉 하나님의 도성과 이 세상의 도성의 탄생을 묘사한다. 다음 네 권은 두 도성에 대한 이야기를 계속하며, 세 번째 네 권은 그들의 마지막 운명에 관하여 기술한다."[123]

아우구스티누스는 이 책 『하나님의 도성』의 첫 권 서문에서 자신이 이 책을 쓰게 만든 직접적인 계기는 로마의 호민관이면서 로마 황제의 명령으로 아우구스티누스에게 이 책을 쓰도록 부탁한 마르켈리누스 (Marcellinus)의 요청 때문이었다고 말하고 있습니다. 그는 그를 내 사랑하는 아들이라고 부르면서 이 책을 쓰게 된 동기를 다음과 같이 말합니다.

"내가 가장 사랑하는 아들, 마르켈리누스여, 그대가 제안하였고 내가 그렇게 하겠다고 약속한 이 작업의 주제는 가장 영광스러운 하나님의 도성이네. 나는 그 도성을 건립한 분보다 자기들의 신들을 더 좋아하는 자들에 대항하여 영광스러운 하나님의 도성을 옹호하기 위한 일에 착수하였네."[124]

그는 이 책 전체에 걸쳐 하나님의 도성이 어떤 도성인지에 대하여 가르치고자 하는 것입니다. 그는 계속되는 서문에서 "이 도성은 쏜살같이

123 Augustinus, Retractions, 2, 43, 2.
124 Aurelius Augustinus, De civitate dei, I-X, 아우구스티누스, 신국론, 1권-10권, 성염 역주, 분도출판사, 서울 2021, 108-109.

흘러가는 시간 속에서 믿음으로 살아가면서(합 2:4; 롬 1:17; 갈 3:11; 히 10:38 참조) 불신자들 사이에서 나그네로 머무르며, 지금은 영원한 보좌에 안정되게 앉아 있으면서 판단이 의로 돌아갈(시 94:15) 때까지 인내로 기다리며, 뛰어난 덕성으로써 최후 승리와 완전한 평화에 도달하게 될 가장 영광스러운 도성이다."라고 말합니다. 그리고 그는 이 하나님의 도성에 대하여 쓰는 일은 자신의 진액을 쏟아야 할 만큼 거창하고도 험난한 작업이지만 끝까지 완주하겠다는 자신의 각오를 다집니다.[125]

아우구스티누스가 이 책을 쓰게 된 또 하나의 동기가 있습니다. 로마가 포위되면서 로마에서 카르타고로 도망을 왔던 볼루시아누스(Volusianus)와 같은 이교도 학자들이, 로마가 멸망한 원인은 로마가 그때까지 섬겨 오던 신들을 버리고 기독교의 신을 받아들였기 때문이라고 떠들고 다녔기 때문입니다.[126] 그는 많은 사람들이 그리스도 때문에 사경을 벗어났으면서도 지금 와서는 기독교의 시대를 비난하고 저 도시 로마가 당한 재난을 그리스도 탓으로 돌리고 있다고 말하면서 그들의 은혜 없는 태도를 비판합니다.[127]

그는 계속하여 이런 일들의 배후에는 하나님의 섭리(providentia dei)가 있는데 이교도 학자들은 이 섭리에 대하여 무지하다고 그들을 비판합니다. "하지만 그들이 올바른 무엇인가를 조금이라도 자각할 수 있다면, 적병들에게 당한 모질고 잔학한 일까지도 하나님의 섭리로 돌려야 마땅하다. 섭리는 인간들의 타락한 도덕들을 전쟁으로 교정하고 척결하며 심

---

125 De civitate dei, I-X, 108-109.

126 De civitate dei, Herausgegeben von Christoph Horn, Akademie Verlag, Berlin 1997, 6.

127 De civitate dei, I-X, 110-113.

지어 사멸할 인간들의 의롭고 칭찬할 만한 인생마저 그 같은 시련으로 단련시키고 그렇게 단련된 인생을 더 나은 곳으로 옮겨 주거나 다른 용도로 이 지상에 아직 붙잡아 두거나 한다."[128]

우리가 주목할 점은, 이후에 칼빈의 대표적인 사상으로 자리 잡은 섭리를 아우구스티누스는 우선 이 세상 안에 일어나는 역사와 관계를 시키고 있다는 점입니다.

---

128 De civitate dei, I-X, 110-113.

2. 땅의 도성(civitas terrenae)과 하나님의 도성(civitas dei)

아우구스티누스는 먼저 이 책의 11권에서 하나님의 도성의 기원과 이 도성이 가진 특징을 서론적으로 말합니다. 그는 먼저 자신이 하나님의 도성에 관하여 이야기하고자 하는데, 이 도성에 대하여 성경이 증거하고 있다고 말하면서 시 87:3, 48:1-2, 8 그리고 시 46:4-5을 증거로 대고 있습니다. 그는 이런 증언들과 이와 비슷한 증언들을 열거하자면 너무 길고 이것만으로도 우리는 하나님의 도성이 있다는 사실을 배우게 되며, 그 도성을 건설하신 분이 우리에게 불어넣어 주신 그 사랑으로 말미암아 그 도성을 갈망하게 된다고 말합니다. 그는 자신이 지금부터 두 도성, 곧 지상 도성과 천상 도성의 기원, 전개 그리고 응분의 종말에 관해 능력이 미치는 대로 논해 보고자 한다는 계획을 밝힙니다.[129]

1) 두 도성의 기원: 삼위일체 하나님

아우구스티누스는 하나님의 도성은 삼위일체 하나님으로부터 시작되었으며, 삼위일체 하나님이 거룩한 도성의 기원(origo), 도성의 형성

---

129 De civitate dei, XI-XVIII, 1134-1137.

(informatio), 도성의 행복(beatitudo)이라고 분명히 말합니다.[130] 그러므로 이 하나님의 도성이 어떤 도성인지를 알려면 삼위일체 하나님에 대하여 먼저 알아야 한다는 것이 그의 생각입니다. 그러면 삼위일체 하나님은 누구실까요? 그는 삼위일체 하나님에 대하여 『삼위일체에 관하여』(De trinitate)라는 책을 써서 잘 알려 주고 있습니다. 그는 이 책을 『고백록』을 쓰고 난 후인 400년에 착수하여 419년경에 완성하게 됩니다. 그의 대작 중의 하나인 이 책에서 그는 삼위일체에 관하여 많은 지면을 할애하여 심도 있게 다루고 있습니다. 하지만 이 책은 부피가 너무 많고 내용도 어려워서 이 책을 통하여 삼위일체를 이해하기가 매우 어렵습니다.

그런데 고맙게도 그는 삼위일체에 관하여라는 책을 거의 완성(419년 완성)해 갈 시점에 쓰기 시작한 이 신의 도성이라는 책을 통해서(413년 집필 시작) 그의 삼위일체에 대한 이해의 완성된 형태의 이해를 제공하고 있습니다. 여기 나오는 삼위일체에 관한 내용은 그 자신이 정제하고 정제하여 최종적으로 정리한 내용이라고 볼 수 있습니다. 그러면 그는 삼위일체를 어떻게 이해했을까요? 그는 그의 삼위일체에 대한 설명을 이 책의 10권과 11권에서 제공하고 있습니다.

그는 먼저 10권의 마지막 부분에서 성부만을 하나님이라고 말하며 성자와 성령을 성부의 다른 양태라고 보는 소위 양태론적 단일군주신론을 주장한 사벨리아누스 이단을 비판하면서 삼위일체를 언급합니다.

    "오히려 우리는 아버지는 아들의 아버지요, 아들은 아버지의
    아들이라고 하며, 성령은 아버지와 아들의 성령이지, 성령이 아

---

130 De civitate dei, XI-XVIII, 1204-1205.

버지만이거나 아들만의 것은 아니라고 말한다. 따라서 우리가 하나님에 관하여 말할 때에는 두 원리(principia) 혹은 세 원리가 있다고 말하지 않는다. 왜냐하면 하나님에 관하여 말할 때에는 두 하나님 혹은 세 하나님이라고 말하는 것이 허용되지 않기 때문이다. 각자에 대해서, 즉 아버지에 관해서, 아들에 관해서 성령에 관해서 말을 하고 각각을 하나님이라고 부르지만, 사벨리아누스 이단처럼,[131] 같은 아버지가 아들이기도 하고, 같은 성령이 아버지이기도 하고 아들이기도 하다고 말하지는 않는다."[132]

그는 이 말을 통하여 아버지만을 하나님으로 인정하고 아들과 성령은 아버지의 다른 양태(樣態) 정도로만 보는 사벨리아누스 이단을 정죄합니다. 그는 아버지와 아들과 성령이라는 세 위격으로 계신 하나님을 주장함과 동시에, 관계적 삼위일체를, 즉 아버지는 아들과 관계해서 아버지시고, 아들은 아버지와 관계해서 아들이고, 성령은 아버지와 아들과의 관계해서 아버지와 아들의 영이라고 부르고 있다고 주장합니다. 그는 계속하여 11권 10번에서 성부 하나님과 성자 하나님과 성령 하나님은 한 하나님이시며 단순하고 불변하는 삼위일체이며 그 본질과 속성은 서로 다른 두 가지 것이 아니라고 분명히 주장합니다.

"따라서 유일하게 단순하며(simplex) 유일하게 불변하는 선

---

131 3세기의 양태론적 군주신론자(Madalist Monarcians)로서 이들은 삼위를 신적 행동의 연속적인 양식으로 설명했다.
132 De civitate dei, XI-XVIII, 1066-1069.

이 존재하니, 곧 하나님이시다. 이 선에 의해서 모든 선이 창조되었으나, 그것들은 단순하지 않으며 따라서 가변적이다. 내가 그것들이 창조되었고, 곧 바꾸어 말하면 지어졌다고 말하고, 태어났다고는 말하지 않은 데에 유의하기 바란다. 단순한 선으로부터 출생한 것이기 때문에 똑같이 단순하며, 그 때문에 출생한 존재와 동일하다. 이 두 분을 우리는 아버지와 아들이라고 부르며, 두 분은 자신의 영과 함께한 하나님이시다. 성부와 성자의 영을 성경에서는 특별한 의미로 거룩하다(sanctus)고 부른다. 그런데 성령은 아버지와 아들과 다른 분이시다. 그는 아버지도 아니고 아들도 아니시기 때문이다. 그런데 나는 성령을 다른 분(alius)이라고 했고, 다른 것(aliud)이라고 부르지 않았는데, 이는 성령은 아버지와 아들과 똑같이 단순하며, 그들과 똑같이 불변하는 선이시며, 그들과 함께 영원하시기 때문이다. 그리고 이 삼위(trinitas)가 한 분 하나님(unus Deus)이시며 삼위이시기 때문에 단순하시지 않은 것이 결코 아니다. 우리가 이 선의 본성이 단순하다고 부르는 것은 거기에 성부만 계시기 때문이 아니며 성자나 성령만이 계시기 때문만도 아니다. 또는 사벨리아누스(Sabellianus) 이단파가 생각한 것과 같이, 위격들의 실체 없이(sine substantia personarum) 참으로 오직 이름에 의해서만 삼위일체가 아니다. 그 본성과 그 가진 것 곧 속성이 같기 때문에 단순하다고 부르는 것이다. 다만 각 위격이 다른 위격들과 관계적으로 말해지는 경우는 예외적이다. 확실히 아버지는 아들을 가지고 있으나 그럼에도 그 자신은 아들은 아니시며, 아들은 아버지를 가지지만 그 자신은 아버지가 아니시다. 그러므로 각 위격의 본성이 그 속성과 같다고 하는 것은 그 자신에 관한 일이며 그 관계하는 상대에 관한 일이 아니다. 예컨대 그 자신에 관해서 생명을 가졌기 때문에 살았다고 하며, 그 자신이 이 생명이다."[133]

아우구스티누스는 이 글을 통해서도 사벨리아누스가 주장했던 성부만 존재하고 성자와 성령은 성부가 다른 양태로 존재한다는 양태론적 단일 군주론을 분명히 반대합니다. 그리고 아버지와 아들과 성령은 본질과 속성에서 똑같은 한 하나님이시지만 서로의 관계를 말할 때만 아버지, 아들, 아버지와 아들의 영이라고 불리어진다고 말하고 있습니다.

그는 11권의 24번에서도 삼위일체 하나님에 대하여 계속 설명하면서 특히 삼위일체와 관계해서 또 하나의 이단인 한 신이 아니라 세 신을 주장하는 삼신론(三神論)을 비판하고 있습니다.

"우리는 다음과 같이 믿으며 충실히 설교한다. 왜냐하면 아버지가 말씀을 낳으셨기 때문이다. 만물은 이 말씀을 통하여 만들어졌다. 아버지가 독생하신 아들(unigenitum Filium)을, 하나(unus)가 하나(unum)를, 영원히(aeternus) 함께하는 영원(coaeternum)을, 최고로 선한 분이 동등하게 선한 분을 낳으셨다."[134]

---

133 De civitate dei, XI-XVIII, 1162-1165.
134 De civitate dei, XI-XVIII, 1202-1069.

그는 이렇게 아버지가 언제인지는 모르지만 아들을 낳으셨다고 분명히 말합니다. 하지만 그는 그 아들 역시 영원과 선에 있어서 아버지와 동등하신 분이시고, 성령 역시 아버지와 아들과 본질에서 같고 영원하시다고 말합니다.

> "또 성령은 아버지의 영이신 것과 같이, 또한 아들의 영이시며, 그 자신은 아버지와 아들과 같은 본질(consubstantialis)이시고 함께 영원하시다."[135]

그리고 그는 "이 전체(totum)는 그 위격(位格)들의 고유함 때문에(propter proprietatem personarum) 삼위일체시며, 그 불가분의 신성(inseparabilem divinitatem) 때문에 한 하나님(unus Deus)이시며, 그 불가분의 전능하심 때문에(propter inseparabilem omnipotentiam) 한 전능자(unus Omnipotens)시라"고 말합니다.[136]

그는 하지만 "우리가 각 위(位格)에 대하여 물을 때에는 한 분 한 분이 하나님이시며 전능자시라고 대답해야 하며, 모든 분들을 함께 말할 때에는 세 하나님이나 세 전능자가 계신 것이 아니라 한 전능하신 하나님(unus Deus omnipotens)이시라고 말해야 하며 이 세 분은 불가분적 일치(unitata) 안에 거하기 때문에 이렇게 전파되기를 원하셨다"고 말합니다.[137]

이어서 그는 니케아 신조를 보완하여 성령도 성부와 성자와 동일한 하

135 De civitate dei, XI-XVIII, 1202-1069.

136 De civitate dei, XI-XVIII, 1202-1069.

137 De civitate dei, XI-XVIII, 1202-1203.

나님이심을 강조했던 니케아-콘스탄티노플 신조의 입장을 따라서, 성령 자신도 신적 본질이며 삼위일체 하나님의 제3위격이라고 분명히 주장합니다. 그럼에도 그는 다음과 같은 의미에서 "성령은 거룩한 영"이라고 일컬어질 수 있다고 말합니다.

> "그러나 성령은 선하신 성부와 성자에 공통된 영이시기 때문에 성령을 성부 및 성자의 선하심이라고 부르는 것이 합당한지를 나는 감히 성급하게 단정 지으려 하지 않는다. 그러나 성령은 성부 및 성자의 거룩하심(sanctitatem)이라고 말하는 것은 그다지 주저하지 않는다. 성령을 성부와 성자의 속성(qualitatem)에 불과하다고 보기 때문이 아니라, 성령 자신도 신적 본질(substantiam)이며, 삼위일체 하나님 안에서 제3위격(tertiam in trinitate personam)이시기 때문이다. 내가 이것을 개연성 있는 견해로 받아들이는 것은, 비록 아버지도 영이시고 아들도 영이시며 성부도 거룩하시고 성자도 거룩하시지만, 그럼에도 성령 자신은 본질에 있어서(substantialis) 그리고 아버지와 아들과 공통의 본질에 있어서(consubstantialis) 거룩하다고 불리어지기 때문이다."[138]

아우구스티누스가 신의 도성인 이 책에서 특별히 강조하고 싶은 내용은 만물은 삼위일체 하나님이 창조하셨고 삼위일체 하나님 전체가, 그의 속성과 성품이 창조 역사 속에서 계시되었다는 사실입니다.

---

138 De civitate dei, XI-XVIII, 1202-1203.

"그러나 만일 하나님의 선성(bonitas: 선하심)이 하나님의 성성(sanctitas: 거룩하심)과 다르지 않다면 하나님의 작업에서 나타난 삼위일체가 이해가 되어질 것이다. 이것은 담대한 억측으로 말할 일이 아니라 치밀한 이성으로 탐색할 문제다. 그리고 하나님의 작업에 나타난 삼위일체는 일종의 은밀한 어법과 같은 것으로서, 그런 어법으로 우리의 의향이 익숙해지고 나면, 누가 각 피조물을 만들었으며 무엇을 통하여 만들었으며 또 무엇 때문에 만들었느냐고 물을 때에, 우리에게 삼위일체 하나님이 암시되어 있다는 사실이 이해가 되어 진다. '빛이 생겨라'라고 말하는 분은 '말씀'의 아버지다. 아버지가 말하여 생겨났다는 것은, 말씀을 통하여 생겨난 것임이 틀림없다. '하나님이 보시기에 좋았더라!'라는 구절에서 어떤 필요에 의해서나 당신이 사용할 무엇이 부족해서 만든 것이 아니라, 오로지 당신의 선함으로, 창조된 모든 것을 만들었음을 제대로 알게 된다. 다시 말해 그것은 좋아서 만들었다는 것이다. 저 말은 사물이 생겨난 다음에 한 것이어서, 사물이 선성에 상응하는 것이며 선성 때문에 생겨났음을 암시한다."[139]

그는 이 말로 만물은 선하신 하나님께서 선하게 창조하셨음을 말하고 있습니다. 그리고 그는 이어서 매우 중요한 말을 합니다.

"이 선성이 성령으로 올바로 이해된다면, 삼위일체 하나님 전

---

139 De civitate dei, XI-XVIII, 1204-1205.

체가 자신의 피조물들 속에 깊숙이 스며들어 있다."[140]

그는 계속하여 말합니다.

"삼위일체는 저 드높은 천사들 속에서 자리 잡고 있는 거룩한 도성의 기원(origo)이자 형성(informatio)이고, 행복(beatitudo)이다. 그 도성은 어디서 왔느냐고 물으면 대답은 하나님이 지으셨다는 것이다. 그 지혜가 어디로부터 왔느냐고 물으면 대답은 하나님에 의하여 계몽되어진다는 것이다(계 22:5). 어디서 그 행복이 오느냐고 물으면 하나님을 향유함으로써(Deo fruitur)라고 대답한다. 즉 그 도성은 하나님 안에 머물면서 세워지고 하나님을 명상하면서 밝게 되고 하나님께 매달리면서 기뻐지는 도성이다. 그 도성은 존재하며 보며 사랑한다. 하나님의 영원 안에서 융성하고 하나님의 진리 안에서 빛나고 하나님의 선 안에서 기뻐할 것이다."[141]

그는 11권의 28번에서도 이 도성을 지으신 분이 삼위일체 하나님이시고 그가 만드신 만물에 하나님의 성품이 반영이 되어 있다고 주장합니다.

"그러나 우리는 우리의 창조주의 형상대로 창조된 사람들이다. 참된 영원, 참된 진리, 영원한 진리, 영원하고 참된 사랑은 그

---

140 De civitate dei, XI-XVIII, 1204-1205.
141 De civitate dei, XI-XVIII, 1204-1205.

에게 속해 있다. 그리고 그 자신은 영원하고 참되고 사랑스러운 삼위일체시며, 세 위격 사이에 혼동(confusa)이나 분리(separata)가 없으시다. 우리보다 밑에 있는 사물들이 최고로 존재하고 최고로 지혜롭고 최고로 선한 분에 의해 창조되지 않았다면, 스스로는 어떤 식으로도 존재하지 못했을 것이고 어떤 형상도 내포하지 못했을 것이고 어떤 질서도 추구하지 못했을 것이다. 놀랍도록 확고한 모습으로 하나님이 창조하신 만물을 통해 그분의 발자취를 발견하려고 달려 나가자. 거기서라면 우리의 존재는 죽음이 없을 것이고, 거기서라면 우리의 인식은 오류가 없을 것이며, 거기서라면 우리의 사랑은 좌절이 없을 것이다. 지금의 현세 생명에서는 우리가 이 세 가지를 확실한 것으로 간주하고 있다."[142]

우리는 여기서 아우구스티누스가 삼위일체론으로 신플라톤주의를 완벽하게 극복하고 있음을 볼 수 있습니다. 신플라톤주의자들이 말하는 일자(一者)로부터 발출하게 하고 일자에게로 회귀시키는 한 창조적 힘을 그는 성령이라고 부르며, 그들이 말하는 영지를 아들이 알려 주시는 진리의 말씀이라 부르고, 창조되지 않으면서 만물을 창조하는 일자를 성부 하나님으로 부릅니다. 이를 통하여 만물이 삼위일체 하나님에 의하여 나오고 삼위일체 하나님으로 돌아간다는 사실을 확실히 알리는 것입니다. 이제 두 도성의 특징들을 살펴봅시다. 아우구스티누스는 하나님의 도성은 하나님의 성품을 반영하고 땅의 도성은 악한 마귀의 성품을 반영하고 있음을 두 도성의 특징을 말하는 여러 곳에서 알려 주고 있습니다.

---

142 De civitate dei, XI-XVIII, 1216-1219.

2) 두 도성의 특징들

자기 사랑과 하나님 사랑

그는 14권의 마지막 부분에서 지상 도성과 천상 도성의 근본 성격을 언급합니다. 그는 두 도성이 서로 차이가 나는 이유를 두 종류의 사랑 (amor)에 돌리면서 이 두 종류의 사랑, 즉 자기 사랑과 하나님 사랑을 비교합니다.

> "그래서 그들은 두 사랑을 통해서(amores duo) 두 도성(civitates duas)을 건설했다. 심지어 하나님까지도 멸시하는 자기 사랑이 지상 도성을 만들었고, 자기를 멸시하면서 하나님을 사랑하는 하나님 사랑이 천상 도성을 만들었다. 따라서 지상 도상은 자신 안에서, 천상 도성은 주님 안에서 영광을 받는다(고후 10:17). 전자는 사람들로부터 영광을 구하고, 후자는 우리의 양심을 시험하시는 하나님이 최대의 영광이 된다."[143]

아우구스티누스는 지상 도성은 자기 사랑(amor sui)을 가진 도성이라면, 천상 도성은 하나님 사랑(amor Dei)을 가진 도성이라고 말합니다. 나중에 종교 개혁자 마틴 루터가 하이델베르그 토론(Heidelberger Disputation, 1518)에서 이 자기 사랑과 하나님 사랑을 비교하는데, 그는 칭의론의 관점에서 이 두 사랑을 비교하고 있습니다. 자신의 행위를 의지하여 의롭게 되고자 하는 자의 마음의 숨은 동기는 자기 사랑인 반면,

---

143 De civitate dei, XI-XVIII, 1536-1539.

하나님의 은혜와 예수 그리스도를 의지하여 의롭게 되고자 자의 마음의 숨은 동기는 하나님 사랑이라는 것입니다. 하지만 아우구스티누스는 이 두 사랑을 두 도성이 가진 근본적인 성격 차이를 말하면서 언급하고 있습니다. 루터와 아우구스티누스는 두 종류의 사랑을 똑같이 언급하지만 강조점에서 차이가 있습니다. 루터는 아우구스티누스의 신학을 계승했지만 자신의 신학의 고유의 강조점을 가지고 있었습니다.

두 도성의 다른 특징들

아우구스티누스는 지상 도성과 천상 도성의 차이를 계속 말합니다. 전자는 자기 영광을 구하고 후자는 하나님의 영광을 구한다. 전자에서는 지배욕(dominandi libido)을 통해 통치되지만, 후자에서는 서로 섬김을 통해 통치된다. 전자는 자신의 덕을 사랑하지만, 후자는 자신의 하나님을 사랑한다. 지상 도성의 백성들은 사람의 지혜를 따라 살며 교만에 지배되어 자기들의 지혜로 스스로 높다 하지만, 천상 도성의 백성들은 경건(pietas: 예배) 외에 어떠한 인간의 지혜도 없다고 말한다. 천상 도성의 사람들은 이러한 경건을 통해서만이 하나님께서 올바로 경배를 받으시고, 하나님이 모든 것들 속에서 모든 것이 되도록 하게 하며, 사람들과 천사들로 구성된 성도의 무리 속에서 상을 기대할 수 있다고 말한다.[144]

3) 두 도성의 시민들의 운명

아우구스티누스는 이 두 도성에 사는 사람들의 운명에 대하여서도

---

144 De civitate dei, XI-XVIII, 1538-1539.

언급합니다. 그는 인류를 두 부류로 나누게 될 때, 사람의 생각대로 사는 사람들과 하나님의 뜻대로 사는 사람들이 있으며, 그들에게 두 도성(civitas)이라는 비유적인 이름을 붙였는데, 이것은 다른 말로 두 사회(societas)라고 부를 수도 있다고 말합니다. 그는 이런 맥락에서 두 도성의 운명을 언급합니다.

"그중의 한 도성은 하나님과 함께 영원히 통치하기로 예정되어(praedestinata) 있고, 다른 도성은 마귀와 함께 영원한 형벌을 받기로 예정되어 있다."[145]

아우구스티누스는 여기에서 이후의 칼빈주의의 특징으로 언급되는 예정론을 분명히 말하고 있습니다. 그는 이 말을 바울 연구(롬 9-11)를 통해서 얻은 지식을 통해서 주장한 것이 분명합니다. 왜냐하면 그가 신의 도성을 쓰고 있을 때, 그는 펠라기안 논쟁을 통해서 바울을 심층적으로 연구하였고 바울의 신학에 심취한 자가 되었기 때문입니다. 하지만 우리는 그가 이 두 도성의 운명을 말하게 된 데는, 그가 이 책의 앞부분에서 상세히 적고 있듯이, 이 두 도성을 역사적으로 관찰한 결과로도 이런 결론을 얻었다고도 볼 수 있습니다. 그는 가인과 아벨로부터 시작되는 두 두성의 진행 과정과 행적들을 성경을 통해서 그리고 일반 역사를 통해서 살펴볼 때, 두 도성의 운명이 이렇게 될 수밖에 없다고 보는 것입니다.

그는 이런 영광의 나라를 바라보며 사는 하나님의 도성의 시민들은 이 세상에서는 나그네로 살아간다는 점을 강조합니다. 그는 인류의 처음 조

---

145 De civitate dei, XI-XVIII, 1542-1543.

상에게서 장자로 태어난 가인은 인간의 도성에 속했고 그다음에 태어난 아벨은(창 4:1-2) 하나님의 도성에 속한다고 말합니다. 그는 사람들이 연달아 태어나고 죽음으로써 이 두 도성의 역사가 시작되었을 때에, 이 세상의 시민이 먼저 났고 그다음에 하나님의 도성의 시민이 태어났는데, 그는 이 세상의 나그네(peregrinus in saeculo)로 태어났다고 말합니다. 그런데 그는 은혜로 예정된 자요, 은혜로 선택된 자로서, 아래에서는 은혜에 의해서 나그네로 살아갔고, 위에서는 은혜에 의하여 시민인 자로 살아갔다고 말합니다. 그는 바로 이런 이유 때문에 가인이 도시를 건설했다는 기록은 있지만(창 4:17), 나그네였고 은혜로 선택된 아벨은 도시를 건설하지 않았다고 말합니다. 그는 성도들의 도성은 위에 있지만, 지금 이 아래에 있는 동안은 시민들로 태어나면서 나그네로 살아가다가, 천상 도성에서 지배하는 부활의 날에 모든 시민을 모아 약속된 나라를 받으며 모든 시대의 왕이신(딤전 1:17) 그들의 왕과 함께 영원무궁토록 지배할 것이라고 말합니다.[146]

4) 지상 도성은 천상 도성의 형상이요, 예표이다

아우구스티누스는 이 지상의 도성 중에서 천상 도성이 있는가에 대한 질문에 답변합니다. 그는 천상 도성은 이 땅 위에서는 존재하지 않지만 천상 도성을 상징하며 예시하는 도성은 지상에 존재한다고 말합니다.

"참으로 이 천상 도성에 대해서도 그림자와 예언적인 형상

---

146 De civitate dei, XI-XVIII, 1544-1547.

(imago: 표상)이 있었는데, 이 형상은 천상 도성을 땅에서 보여 주기 위해서라기보다는, 이 도성의 존재가 드러나야 할 시간이 오기까지 그것을 상징하며 이 도성에 종살이하기 위함이었다. 이 형상도 거룩한 도성이라고 불려졌는데, 이는 그것이 상징하는 형상 때문에 그렇게 불려진 것이지 미래 도성과 똑같아서 그렇게 불려진 것이 아니다."[147]

아우구스티누스는 형상의 역할로 이바지하는 이 도성과 그것이 상징하는 자유로운 도성에 대해서 설명하기 위해서 갈 4:21-5:1을 인용하면서, 사라와 하갈의 알레고리가 천상 도성과 지상 도성을 비유적으로 나타내 준다고 말합니다. 그는 지상 도성의 한 부분이 천상 도성의 형상이 되었는데, 그 자체에 의미가 있는 것이 아니라 천상 도성을 의미하며 천상 도성을 섬기기 위해서 만들어졌고, 지상 도성은 그 자체를 위하여서가 아니라 다른 도성을 상징하기 위하여 건설되었으며, 먼저 와서 다른 도시를 상징하고 먼저 그림을 그려 주면서 다른 도시가 그려지게 하였다고 말합니다.[148]

그는 사라의 여종 하갈과 그의 아들은 이 형상의 형상이며 빛이 오면 그림자가 사라지기로 되어 있었으며, 사라는 자유도시를 상징하고, 그림자인 하갈 역시 나름대로 자유 도시를 상징했다고 말합니다. 그래서 사라는 단지 상징일 뿐인 "계집종과 그 아들을 내쫓으라 계집종의 아들이 내 아들 이삭과 함께 또는 사도가 말한 대로, 자유 하는 여자의 아들과 함

147 De civitate dei, XI-XVIII, 1546-1547.
148 De civitate dei, XI-XVIII, 1546-1549.

께 유업을 얻지 못하리라"고 했다고 말합니다. 그는 우리는 지상의 도성에서 두 가지 형태를 발견하는데, 하나는 자신의 현존을 드러내는 형태이고 다른 하나는 자신의 현존으로 천상 도성을 상징적으로 제시하는 형태라고 말합니다.

그는 지상 도성의 시민들과 천상 도성의 시민들이 어떻게 태어나는지에 대하여서도 말합니다. "죄로 타락한 자연 본성은 지상 도성의 시민들을 낳아 준다. 그 대신 천상 도성의 시민들을 낳아 주는 것은 죄로부터 자연 본성을 구하는 은총이다."[149] 그는 약속의 아들 이삭은 은혜의 아들들과 자유 도시의 시민들을 그리고 영원한 평화의 동료들을 적절히 상징했다고 말합니다. 그는 이 자유 도시에서는 어떠한 개인에 대한 사랑(amor propriae)도 의지의 사사로운 사랑도 존재하지 않고, 시민들이 사랑을 공유하고 불변하는 선을 기뻐하면서, 많은 사람들의 마음으로부터 하나의 마음을 만들면서 완전히 한마음이 되어서 사랑의 순종을 하며 살아간다고 말합니다.[150]

5) 지상 도성에도 나름대로 선한 점이 있다

아우구스티누스는 지상 도성이 비록 최후 심판으로 벌을 받을 도성이고 영원하지는 못하겠지만, 그럼에도 이 세상에서는 자신의 선을 가지고 있으며 이 도성의 백성들이 그 선 안에서 결속하며 기쁨을 즐길 수 있다고 말합니다. 그는 이 지상 도성은 전쟁과 교만으로 결국은 망해 갈 것이

---

149 De civitate dei, XI-XVIII, 1548-1549.
150 De civitate dei, XI-XVIII, 1550-1551.

지만, 그럼에도 이 도성이 추구하는 것들이 선하지 않다고 단정하는 것은 옳지 않으며, 이 도성도 하나의 도성을 이룬다는 점에서 인간적 차원에서는 더 나은 선이라고 말합니다. 그는 이 도성도 비록 하찮은 사물들을 겨냥한 평화이기는 하지만 지상적 평화를 추구하는데, 전쟁을 치르면서까지 도달하고 싶어 하는 바는 그 평화라고 말합니다. 그는 전쟁에서의 승리나 이를 통하여 평화를 누리는 것이 선한 것이며 의심 없이 하나님의 선물이라는 점을 강조하면서도, 그들이 이런 승리나 평화를 믿고 더 큰 선들을, 즉 영원한 최고의 평화 중에 확보되는 선들, 저 상위의 도성에 속하는 더 큰 선들을 소홀히 한다면 필히 불행이 뒤따를 것이고, 그 속에 내재하고 있던 불행은 더욱 커지기만 할 것이라고 말합니다. 그는 지상 나라에서의 선이나 평화 등은 저 영원한 나라의 것들의 그림자임을 알고 그것들을 상대화시키면서 절대적인 평화나 선을 구하며 살아야 한다고 말합니다.[151]

그는 위의 말을 통해서 지상 도성의 존재 목적을 부정하거나 악의 세력으로 규정하는 마니교와 같은 이원론적 접근에 대하여 비판하고 있습니다. 지상 도성은 유한하고 이 도성 안에는 악과 전쟁이 끊이지 않지만, 그럼에도 천상 도성의 그림자와 봉사자로서 나름대로 선과 평화를 누리면서, 천상 도성이 임할 때까지만 존속해야 한다는 것이 그의 입장입니다.

---

151 De civitate dei, XI-XVIII, 1552-1553.

6) 천상 도성은 하나님을 즐기기(frui)위해서 세상 것들을 사용 (uti)한다

아우구스티누스는 가인의 후예들의 도성인 이 지상 도성의 또 다른 특성을 말합니다. 그는 하나님이 지상 도성의 대표자인 가인의 제물을 열납 하시지 않은 이유는, 가인이 하나님의 말씀에 따라 제물을 바르게 구별하지 않았고 자기 소유물을 하나님께 드리면서도 자기 자신은 자기가 그대로 차지하고 있었기 때문이라고 말합니다. 그는 지상 도성의 백성들은, 하나님의 뜻을 행하지 않고 자기 뜻대로 행하는 사람들이고, 바른 마음으로 살지 않고 비뚤어진 마음으로 사는 사람들이고, 하나님께 예물은 바치지만 그 예물로 하나님의 마음을 사서 그것으로써자신의 사악한 욕정을 치료받으려는 것이 아니라 오히려 그 욕정을 채우려는 사람들이라고 말합니다. 이런 지상 도성의 백성들은 또한 하나님이나 신들을 섬기되 그들의 도움을 받아서 승리와 지상적 평화를 얻어 그것들로 군림하려 하며, 이것들을 충고하는 사랑을 통해서가 지배의 욕망에 의해서 사용한다고 말합니다.[152]

아우구스티누스는 이런 맥락에서 그가 즐겨 사용했던 즐김(frui: enjoy)과 이용(uti: use)에 관해서 말합니다.

> "선한 사람들은 하나님을 즐기기 위해서(frui: enjoy) 세상을 이용(uti: use)하지만, 악인들은 반대로 세상을 즐기기 위해 하나님을 이용하고자 한다."[153]

---

152 De civitate dei, XI-XVIII, 1562-1565.
153 De civitate dei, XI-XVIII, 1564-1565.

자주 맥락 없이 인용되는 "즐김과 이용"은 아우구스티누스가 하나님의 도성의 백성들과 세상 도성의 백성들의 삶의 태도의 차이를 강조하기 위해서 만들어 낸 말입니다. "선한 사람들은 하나님을 즐기기 위해서 세상을 이용하지만, 악인들은 반대로 세상을 즐기기 위해 하나님을 이용하려한다."는 그의 이 말은, 우리 신자들에게 큰 울림과 도전을 주고 있습니다. 왜냐하면 하늘 도성의 시민들인 우리 신자들조차 세상을 즐기기 위해서 하나님을 이용하는 경우들이 종종 있기 때문입니다. 하지만 우리의 진정한 즐김은 하나님을 예배함 가운데서 얻어져야 합니다. 반면에 하나님께서 우리에게 주신 세상 것들은 하나님을 즐기기 위해서 우리가 이용해야 하는 것들임을 알아야 합니다.

7) 두 도성이 지상에서 어떤 모습으로 존속하는가

그는 천상 도성과 지상 도성이 처음부터 끝까지 이 세상에서 서로 섞여 지내게 된다(제18권)고 말합니다. 그는 지상 도성은 어디서든지 마음 내키는 대로 신들을 만들어 냈고 심지어는 사람들로부터도 거짓 신들을 만들어 그것들에게 희생 제사를 드리며 섬기고 있으나, 그와 반대로 천상 도성은 지상에서 나그네로 살면서 거짓 신들을 만들지 않으며 도리어 참 하나님으로부터 자신을 만들며 자기 자신을 참 제물로 바친다고 말합니다. 그는 이 두 도성이 이 세상에서는 선을 똑같이 누리고 화도 똑같이 입는다는 점에서는 서로 다르지 않다고 말하면서도, 두 도성 사이의 차이점은 분명히 존재한다고 말합니다.

"다만 마지막 심판으로 분리되어 각자가 끝이 없는 마지막에 이를 때 까지는 믿음이 다르고(diversa fide) 소망이 다르고(diversa spe) 사랑이 다르다(diversa amore)."[154]

아우구스티누스는 하나님의 도성의 백성들도 금생에서 시련을 겪을 것이지만 참고 견디면 그들에게 반드시 상이 주어질 것이라고도 말합니다.

"그러나 유일 진정한 최고신을 거룩하고 성실하게 예배하는 사람들도 마귀들의 잡다한 시험과 속임수를 받지 않을 정도로 안전한 것은 아니다. 이 연약한 장막에서 사악한 나날을 보내는 동안, 이 불안한 상태에도 그만한 쓸모가 있기 때문이다. 그것은 평화가 완전하고 절대로 안전한 그곳을 갈망하도록 우리를 자극한다. 거기서 우리는 본성의 재능을 즐길 것이다. 즉 만유의 창조주이신 하나님께서 우리의 본성에 주신 모든 것 – 선할 뿐 아니라 영원한 재능, 지혜로 치유된 영혼뿐 아니라, 부활로 새로워진 신체의 재능들을 즐길 것이다. 거기서 덕성은 악습이나 재난과 싸울 필요가 없어지고 승리의 상, 어떤 원수도 흔들지 못하는 영원한 평화를 누릴 것이다. 이것이 최종적 복락이며, 이것이 궁극적 완성이며 끝없는 끝이다."[155]

그는 그리스도인들이 하늘 도성을 믿게 된 이유는 그들이 먼저 이 도

---

154 De civitate dei, XI-XVIII, 2110-2111.
155 De civitate dei, XI-XVIII, 2178-2179.

성의 건설자 하나님을 믿었기 때문이라고 말합니다. 즉 그들이 하나님을 믿었기 때문에 하나님의 도성도 믿었다는 것입니다. "그러나 그리스도는 영원한 하늘 도성의 건설자지만, 그 시민들이 그가 건설자였기 때문에 그를 하나님이시라고 믿은 것이 아니라, 이 믿음 때문에 그가 건설자가 된 것이다." 그는 "로마는 건설과 헌납이 끝난 후에 그 건설자를 신으로 삼아 신전에서 경배했지만, 이 예루살렘은 하나님이신 그리스도를 믿음의 기초로 삼고 그 위에서 건설과 헌납을 추진했다."라고 말합니다. 그는 "로마는 건설자를 사랑했고 그래서 그를 한 신이라 믿었지만, 예루살렘은 그리스도를 하나님이라고 믿었고, 그래서 그를 사랑했으며, 로마는 먼저 사랑할 이유가 있었기 때문에 사랑한 대상에게 유리한 거짓된 이야기를 기꺼이 믿었던 것처럼, 예루살렘은 믿을 이유가 있었기 때문에 거짓을 경솔하게 믿지 않았으며 참된 것을 바르게 믿을 수 있었다."라고 말합니다.[156]

이런 맥락에서 그는 사람들이 하나님의 도성에 도달하려면 오직 하나님을 믿어야 한다는 사실을 다시 한번 강조합니다. "그러나 하나님의 도성의 안전은 믿음으로 지키며, 아니 믿음으로 얻는다. 만일 믿음을 버린다면 아무도 이 도성에 다다를 수 없다. 견인불발의 용기로 이렇게 생각했기 때문에, 고귀한 순교자들이 많이 난 것이다. 그러나 로물루스의 경우에는 그런 신성을 얻게 되었을 때에 한 명의 순교자도 없었고 또 있을 수 없었다."[157]

아우구스티누스는 하나님의 도성은 역사 속에서 어떤 핍박을 받아도 수효가 증가했다고 말하면서, 그 이유는 그들이 구세주의 뜻에 따라 현세

---

156 De civitate dei, XI-XVIII, 2578-2581.

157 De civitate dei, XI-XVIII, 2584-2587.

적 안전을 멸시했기 때문이라고 말합니다.

"그리스도의 나라는 아직 지상에서 손님이지만, 셀 수 없이 많은 시민을 가졌고, 그러면서도 금세에서의 안전을 얻기 위해서 불경건한 박해자들을 상대로 싸우지 않았으며, 전쟁을 거부함으로써 영원한 구원을 얻는 편을 택하였다. 그들은 결박을 당하며, 옥에 갇히며, 칼에 찔리며, 고문을 당하며 화형을 당하며 찢기며 다수가 일시에 학살을 당하였지만, 그래도 수효가 늘었다. 그들이 영원한 구원을 위해서 싸우는 방법으로 허락된 것은 오직 하나뿐이었다. 그들의 구세주의 뜻에 따라 현세적 안전을 멸시하라는 것이었다."[158]

8) 하나님의 도성의 마지막 모습

그는 마지막으로 신자들이 가서 살아갈 하나님의 도성의 모습이 어떠할지에 대하여서도 그의 견해를 말합니다. 그는 내세의 신천신지(新天新地)에서 신자들이 몸을 입고 몸을 통해서 물질적 형태들을 볼 때에, 모든 것에서 하나님이 도처에 계시며 영적인 것들뿐만 아니라 물질적인 것까지도 주관하시는 것을 분명히 보리라는 것은 충분히 가능하며 개연성이 많다고 말합니다. 또한 그들 안에 마음의 속성과 같은 것이 있을 정도로 그들의 영안이 훌륭해서 영이신 하나님과 모든 영적인 것들을 인식할 수 있다고 봅니다. 그들은 하나님을 잘 알며 하나님이 그들의 눈앞에 뚜렷이 계심을 볼 수 있음으로, 그들의 이웃들과 신천신지와 그때에 거기에 존재

---

158 De civitate dei, XI-XVIII, 2582-2583.

158 De civitate dei, XI-XVIII, 2582-2583.

할 모든 피조물들에게서 하나님을 그들의 영으로 보며, 또 그들의 신령한 몸(영체)의 눈이 가진 시력이 미치는 모든 물체들에서 몸으로도 볼 수 있을 것이며 그때에는 모든 사람이 서로 볼 수 있을 것이라고 말합니다.[159]

아우구스티누스는 하나님의 도성 안에서 신자가 누릴 행복에 대해서도 말합니다.

> "어떤 악도 존재하지 않고, 어떤 선도 감추어지지 않고, 모든 것에게 모든 것인 하나님께 찬미를 드리는 데 모든 시간을 쓸 만큼 여유로운 곳이라면 그 행복이 얼마나 크겠는가! 게으름 때문에 일을 멈추는 일도 없을 테고, 궁핍으로 곤란해하는 일도 없을 텐데 과연 거기서는 또 무슨 일을 하게 되는지 나는 모르겠다."[160]

그는 하나님의 도성의 시민들이 받을 상(償)에 대하여서도 언급합니다. 그는 먼저 그곳의 모든 시민들이 받을 공통의 상에 대해서 언급합니다.

> "덕의 근원이신 하나님 자신이 덕에 대한 상이 될 것이다. 하나님이 그 사람에게 덕을 주었고, 덕에 대한 보상으로 당신 자신을 주시기로 약속한 까닭이다. 그분보다 더 좋고 그분보다 더 위대한 것이 아무것도 없다. … 하나님이 우리 소망들의 목표가 되고, 그분을 끝없이 바라 볼 것이며 싫증내지 않고 사랑하게 될

---

159 De civitate dei, XI-XVIII, 2704-2707.

160 De civitate dei, XI-XVIII, 2718-2721.

것이며 지치지 않고 찬미하게 될 것이다. 이 선물, 이 애정과 이
행위가 영생 그 자체와 같이, 확실히 모든 사람에게 공동으로 존
재할 것이다."[161]

하지만 그는 천국의 시민들 각자가 받을 상급의 차이에 대하여서도 언
급합니다.

"각 사람의 공로의 차등에 따라 명예와 영광에 어떤 차등이
있을는지를 누가 설명은 고사하고 상상이라도 할 수 있겠는가?
그러나 차등이 있을 것은 의심할 수 없다. 또 저 복된 도성에서
는 지금 천사들이 천사장들을 시기하지 않는 것과 같이 아랫사
람이 윗사람을 시기하는 일이 없다는 이 위대한 축복이 있을 것
이다. 아무도 자기가 받지 않은 것이 되고자 하지 않는 동시에,
받은 자들과 지극히 다정하게 합심하며 단결하겠기 때문이다.
한 몸에서 손가락이 눈이 되고자 하지 않으면서 이 두 지체가 온
몸의 구조 속에 포함되어 조화를 이루고 있는 것과 같다. 이와
같이, 비교적 작은 선물을 받은 사람은 그 이상의 것을 원하지
않는 자족의 선물까지 받을 것이다."[162]

그는 여기에서 분명히 차등상급(差等賞給)을 주장하지만, 덧붙여서
천국에서는 서로가 다른 사람들이 받은 상으로 인해서 시기하는 일이 없

---

161 De civitate dei, XI-XVIII, 2718-2721.
162 De civitate dei, XI-XVIII, 2722-2723.

으며 자기가 받은 상에 만족하며 서로를 섬기며 살아갈 것이라고 분명히 말합니다. 그는 이 도성에 사는 사람들이 그때에 어떤 삶을 영위하게 될지에 대해서도 서술합니다.

"그 도성에서는 모든 시민에게 한결같은 자유의지가 있을 것이며 아무도 그 자유의지가 분열되지 않고 모든 악에서 해방되어 모든 선으로 충만하며 영원한 기쁨을 끊임없이 즐기며, 과거의 죄와 벌을 잊되, 해방된 것과 해방해 주신 분에 대한 감사를 잊지 않을 것이다. 그때에 영혼은 과거의 악을 지식적으로 기억하고 있겠지만, 감각적 경험으로서는 아주 잊어버릴 것이다. … 참으로 그 도성에서는 그리스도께서 피를 흘려 우리를 구원하신 그 은혜를 찬양하는 것보다 더 큰 기쁨이 없을 것이다. 거기서는 '너희는 가만히 있어 내가 하나님 됨을 알지어다'(시 46:10)라고 한 시인의 말씀이 실현될 것이다. 그곳은 저녁이 없는 가장 위대한 안식일, 하나님이 최초의 피조물들 사이에서 기뻐하신 그런 안식일이 있을 것이다."[163]

그는 여기서 앞에서 언급했던 자유의지를 언급합니다. 천국에서는 모든 사람에게 자유의지가 있을 것이고 이곳의 시민들은 그들의 자유의지를 가지고 어떤 악도 선택하지 않고 오직 선만을 선택하며 자신들을 구원해 주신 하나님을 기뻐하고 찬송하는 일에 전념하고 죄로 인해 지상에서 누리지 못했던 온전한 안식을 누리게 될 것이라고 말합니다. 아우구스티

---

163 De civitate dei, XI-XVIII, 2724-2727.

누스는 이 방대한 책을 마치면서 마지막 소감을 피력합니다.

"나는 하나님의 도움을 받아 이 방대한 저서를 완결했으니, 책임을 다한 줄로 생각한다. 내가 한 말이 너무 적거나 너무 많다고 생각하는 사람들은 나를 용서하라. 내가 한 말이 알맞고 충분하다고 생각하는 사람들은 나와 함께 하나님께 감사하라. 아멘. 아멘."[164]

164 De civitate dei, XI-XVIII, 2730-2731.

3. 결론

　이 책 『하나님의 도성』에서 나오는 아우구스티누스의 생각들은 루터와 칼빈 등의 종교 개혁자들에게 대부분 수용되었습니다. 특히 종교 개혁자들은 그의 칭의론을 그가 말한 그대로 수용합니다. 하지만 어떤 점들은 그의 생각을 계승하면서도 약간 변형시켜서 수용하는 경우들도 있습니다.

　특히 역사를 가인의 왕국과 아벨의 왕국의 대립과 투쟁으로 보는 그의 두 왕국론을 수용하는 데에 있어서는 개혁자들끼리도 차이를 보입니다. 루터와 칼빈은 두 왕국론을 수용하는 데 있어서 다른 태도를 보입니다. 칼빈이 아우구스티누스의 두 왕국론을 좀 더 적극적으로 수용했다면, 루터의 경우는 그의 두 왕국론을 약간 변형하여 자기 것으로 만들어 수용합니다. 루터는 두 왕국이 아니라 사실은 하나님 한 분이 통치하시는 한 왕국을 주장하기 때문입니다. 그는 이 한 왕국 안에 두 정부가 있어서 각자 자신이 해야 할 기능을 수행하고 있다고 봅니다. 세상 정부(Welt-Regiment)는 세상의 질서와 안전을 지키는 일을 하고 교회 정부(Kirche-Regiment)는 영혼들에게 복음을 전해서 죄인들을 구원하는 일을 합니다. 각 정부는 하나님의 위임(Auftrag)을 받아 이 일을 행하므로 두 정부 모두 하나님 앞에서 거룩한 일을 하는 것입니다. 교회 정부가 하는 일은 거룩하고 세상 정부가 하는 일은 속되고 그렇지 않습니다.

　아우구스티누스에게서 가인의 도성과 아벨의 도성은 악의 도성과 선의 도성을 대표하는 두 도성입니다. 이 두 도성이 서로 대립하고 싸우고 있습니다. 하지만 루터에게 있어서는 세상 정부 안에서도 가인과 아벨의 족속들이 싸우고 있고, 교회 정부 안에서도 가인과 아벨의 후예들이 싸우고 있습니다.

아우구스티누스의 죽음과 후세에 미친 그의 영향

아우구스티누스는 그의 인생의 말년인 426년에 자신의 지금까지의 신학적인 사유를 총정리하는 차원에서, 지금까지의 자신의 저서를 재검토하면서『재고』(Retractions)라는 책을 씁니다. 이 성찰의 책에서 그는 자신의 책의 중요한 부분을 독자들에게 설명해 주고 숙성시키지 않은 채 썼던 부분들에 대하여서는 계속되는 사유를 통하여 성숙해진 결론들을 통해 교정하기도 하고 철회하기도 합니다. 그는 반달족이 아프리카를 침략했다는 소문을 들으면서, 교인들이 자신들의 미래에 대하여 불안해하며 동요할 것을 생각하면서, 교회와 신자들의 운명에 대한 생각을 정리해서 428년에『성도의 예정에 관하여』(De praedestinatione sanctorum)와『견인의 선물에 관하여』(De dono perseverantiae)라는 두 권의 책을 씁니다.

그는『성도의 예정에 관하여』라는 책에서, 하나님께서 영원 전에 일부의 사람들은 선택된 자로 예정(豫定)하시고 일부의 사람들은 유기(遺棄)된 자로 예정하신다는 소위 "이중(二重)예정"을 분명히 말합니다. 그는 하나님께서는 선택된 자에게는 자비를 그리고 저주를 받은 자에게는 심판을 내리신다는 사실을 말했고, 선택된 자에게도 시련이 따르지만 이런 시련은 '계산된 자비'라고 말합니다.『견인의 선물』이라는 책에서는, 견인의 은총은 하나님이 개인들에게 주시는 가장 큰 은총으로써, 연약한 인간들에게 그리스도의 인간적 본성이 가졌던 것과 동일한 흔들리지 않는 안전성을 허락하며, 이 은총에 의해서 인간은 영원토록 신성과 연합되며, 하나님의 손이 자신의 위에 덮여서 결코 실수 없이 이 세상으로부터 자신을 보호한다는 확신을 갖게 된다고 말합니다.

이러한 그의 마지막 저서들이 종교 개혁자들에게, 특히 칼빈에게 지대한 영향을 미쳤음은 자명한 사실입니다. 칼빈 신학의 핵심 사상들인 섭리론, 이중예정론 그리고 견인교리는 모두 아우구스티누스의 사상을 계승하여 발전시키고 심화시켰다고 볼 수 있습니다. 반달족이 아프리카를 침략해 들어오는 것 같은 성도들에게 다가오는 재난들과 박해들은 결국 하나님의 섭리로부터 일어나는데, 이런 역경 속에서도 예정된 자들은 인내로서 견디어 낸다는 것이, 아우구스티누스가 그 시대의 교회의 성도들에게 했던 설교의 내용입니다. 아우구스티누스에게서도 칼빈에게서도 섭리와 예정 그리고 견인 교리는 사변적 사색의 결론이 아니라, 교회에 닥친 시련 속에서 성도들을 견디고 위로하도록 하기 위해서 가르친 실천적이고 실존적인 교리였음을 알아야 합니다. 아우구스티누스는 430년 8월 28일에 갑작스런 고열로 파란만장한 생을 끝내게 됩니다.

저는 아우구스티누스는 교회와 신학의 역사에서 다른 어떤 신학자나 목회자와 비견할 수 없는 최고봉이라고 말씀드리고 싶습니다. 가톨릭이든 개신교든 그에게 엄청난 빚을 지고 있으며, 지금도 개신교와 가톨릭 양쪽으로부터 극도의 존경을 받고 있는 교부입니다. 종교 개혁자들인 루터와 칼빈 등도 아우구스티누스의 글들을 읽으면서 성경과 바울에 눈을 뜨게 되었고 이런 지식에 기초하여 종교 개혁을 시작했다 해도 과언이 아닐 것입니다.

문제는 그가 죽은 후에, 그의 사상들이 그리스 정교회나 로마 가톨릭과 같은 정통 교회에서조차 그대로 전수되지 못했다는 점입니다. 그리스 정교회는 일찍부터 그리스 교부들만을 진리의 최종적인 권위들로 인정했습니다. 반면 라틴 교회는 그가 죽은 지 100년도 안 되어 그의 핵심 교리인 칭의 교리를 그가 가르친 대로 받아들이지 않습니다. 칭의론을 주요 주제로 다루었던 529년 오렌지 회의에서, 참여자들은 세미(反) 펠라기안주의자들의 협력구원론을 강하게 반박했음에도 불구하고, 하나님의 주권적 예정에는 찬성하지 않음으로 인하여 결국은 "오직 예정에 의한 하나님의 은총에 의한 칭의"를 무너뜨리는 자리에 서게 되었습니다.[165]

---

165 Lehrbuch der Kirchen und Dogmengeschichte, Band 1, Alte Kirche und Mittelalter, Gütersloher Verlaghaus, 3. Auflage, Gütersloh 2007. 254-257.

이후의 중세 로마 가톨릭교회에서는 이 오렌지 회의의 입장까지도 이어 가지 못하고 결국은 세미 펠라기안 주의를 공식 입장으로 택하고 가르쳤습니다. 중세의 모든 신학자들이 아우구스티누스의 글들을 읽었으면서도 진정한 의미에서 아우구스티누스 주의자들이 되지 않고 "반(半) 펠라기안주의"(Semipelagianism) 혹은 "반(半) 아우구스티누스 주의"(Semiaugustinism)에 머물렀습니다. 가톨릭 내에서 아우구스티누스주의는 프랑스에서 시작된 얀세니즘(Jansenism)을 통하여 어느 정도 부활했지만 큰 영향 없이 곧 사라졌습니다.

아우구스티누스 신학의 진정한 부활은 루터와 칼빈과 같은 16세기의 종교 개혁자들을 통해서 일어납니다. 하지만 17세기가 지나면서 아우구스티누스의 사상은 그가 가르친 그대로 받아들여지지 않았습니다. 오직 칼빈주의를 통하여서만 그의 사상이 가장 잘 보전되어 전파되고 있지만, 칼빈주의에서조차 칼빈의 가르침을 확인하기 위한 정도에서 그를 연구하지, 그의 주요 저작들을 집중적으로 연구하여 그의 사상을 드러내는 연구는 아직도 부족합니다. 예를 들어서 칼빈주의자들조차도 아우구스티누스의 대표작인 『고백록』을 경건서적 정도에서 읽으려 하지 신학적 차원에서 연구하려 하지 않는 경향을 보입니다.

아우구스티누스의 작품들의 정복은 결코 쉽지 않습니다. 그가 쓴 작품들은 우리가 기대하는 것만큼 쉽지 않기 때문입니다. 그의 작품들의 번역들도 개신교인들보다 가톨릭 신부들이 더 많이 했습니다. 하지만 전제(前提) 없는 해석이 없듯이, 가톨릭 신부들은 자신들의 신학을 반영하여 그의 작품들을 번역하므로, 개신교인들은 아우구스티누스의 원전을 다시 검토하면서 번역의 문제점들을 찾아내면서 그의 작품들을 연구해야 합니다. 개신교 학자들은 그의 작품들 중에서 그의 전기 작품들보다 후기 작품을 더 집중해서 연구해야 합니다. 왜냐하면 아우구스티누스가 히포의 감독이 된 후에, 특히 펠라기우스와의 논쟁을 시작하면서 바울을 이전에 자신이 이해했던 것과는 다르게 이해하고 있는 부분들이 많기 때문입니다. 아우구스티누스는 펠라기안 논쟁 전의 아우구스티누스와 펠라기안 논쟁 후의 아우구스티누스라는 두 얼굴을 가지고 있습니다. 펠라기안 논쟁 후의 아우구스티누스는 그전의 얼굴을 유지하면서도 변형된 얼굴도 보여 주고 있기 때문입니다.

　철학사를 논할 때, 그 이전의 모든 철학들은 헤겔(Hegel)이라는 저수지 속으로 흘러들어 가고, 이 저수지 헤겔로부터 그 이후의 철학이 펼쳐진다는 말이 있듯이, 초대교회의 모든 신학 사상은 아우구스티누스라는 저수지로 흘러들어 가고 그 이후의 모든 신학들은 아우구스티누스로부터 흘러나옵니다. 물론 이 말에는 그리스 정교의 학자들은 결코 동의하지 않을 것이지만, 서방 기독교에서는 가톨릭이든 개신교이든 모두가 동의하는 내용입니다. 아우구스티누스는 신학자들뿐만 아니라 데카르트로부터 시작된 근대 이후의 철학자들에게도 큰 영향을 미칩니다. 독일 관념론 철학자들이나 실존철학자들의 글들을 읽어 보면 그의 책들이 자주 인용되고 있고, 그들 자신들도 그들이 주장하는 많은 주장들이 아우구스투스에게서 가져온 것이라고 고백하고 있음을 발견할 수 있습니다.

지금은 아우구스티누스를 읽을 때입니다. 첫째, 신자로서의 자신의 정체성을 되찾기 위해서 그리고 기독교 사상의 심오함을 맛보기 위해서 그를 읽읍시다. 제임스(James K. A. Smith)의 다음의 말은 크게 공감이 되는 말입니다.

"아우구스티누스는 우리에게 낯설고 두렵다. 그는 너무 옛날 사람이라 낯설지만, 그의 경험은 너무나 공감이 되기 때문에 동시대 사람이라고 느껴지기도 한다. 나는 이러한 낯선 두려움을 통해 당신이 진정한 기독교를 내면으로부터 느낀다면 어떤 느낌

일지 알게 되길 바란다. 나는 고대의 아프리카인이 불안과 실망에 사로잡힌 21세기의 당신에게 기독교를 타당하게 만들어 줄 것이라고 장담한다. 이는 꼭 당신이 하나님을 찾고 있어서가 아니라, 당신이 자신을 찾으려고 노력하고 있었기 때문이다. 당신이 아우구스티누스와 함께 당신의 영혼이라는 동굴 속으로 탐험을 떠날 때 당신은 거기서 만나는 사람을 보고 놀랄지도 모른다."[166]

둘째, 21세기 교회의 정체성과 나아갈 방향을 잡기 위해서 그를 읽읍시다. 저는 지금의 전 세계 교회가 직면하고 있는 여러 위기들 중 가장 큰 위기는 '전통과의 단절의 위기'라고 생각합니다. 세속 도성인 로마가 하루아침에 세워지지 않았듯이 하나님의 도성 기독교도 하루아침에 세워지지 않았습니다. 하나님은 하나님의 도성을 이 땅에 확장시키기 위해서 역사 속에서 많은 사람들을 사용하셨습니다. 하나님은 이들을 통하여 그의 진리를 해석하고 보존하고 퍼뜨리는 일을 감당하게 하셨습니다. 이런 일을 한 많은 사람들 중에서 아우구스티누스는 선구자적 역할을 한 사

---

166 『아우구스티누스와 함께 떠나는 여정』 제임스 K. A. 스미스, 박세혁 옮김, 비아토르, 파주 2020, 14.

람입니다. 그는 그가 자신의 일생을 통하여 겪은 일을 기록한『고백록』을 통하여 우리가 하나님 앞에서 어떤 존재가 되어야 하고 어떻게 그를 섬겨야 하는지를 가르쳐 주고 있습니다. 또한 그의『신국론』과 다른 책들을 통하여 우리 교회가 어디서 와서 어디로 가야 할지에 대한 방향 설정을 해 주고 있습니다.

셋째, 오늘 우리가 당면하고 있는 목회의 현실을 타파하기 위해 그를 읽읍시다. 아우구스티누스의 시대의 목회환경이 쉽지 않았듯이 지금의 목회환경 역시 쉽지 않습니다. 그는 신학자였지만 역시 히포의 교회를 거의 40년 동안이나 목회했던 목회자입니다. 우리는 그의 책들을 통하여 목회자가 어떤 사람이 되어야 하고 어떻게 공부해야 하고 어떻게 교인들을 대해야 하고, 이단들이 날뛰는 현실에서 교회가 어떻게 싸워야 할지에 대한 많은 교훈들을 제공받을 수 있습니다.

아우구스티누스는 "들어서 읽어라, 들어서 읽어라."라는 소리를 듣고, 성경을 집어 읽으므로 회심을 하게 되었습니다. 지금 우리는 성경과 더불어 그의 책을 들어서 읽어야 할 때입니다. Tolle et lege(들어서 읽으십시오)!!

참고문헌

1. 아우구스티누스의 책

Augustinus Aurelius, Bekenntnisse, Lateinisch und Deutsch, Erste Auflage, Insel Verlag, Frankfurt am Main 1987.

De vera religione, 참된 종교, 성염 역주, 분도출판사, 서울 2011.

De libero arbitrio, 자유의지론, 성염 역주, 분도출판사, 서울 2018.

De peccatorum mertis et remissione et de baptismo parvulorum, Schriften gegen die Pealgianer, Band I, lateinisch-deutsch, Augustinus-Verlag Würzburg 1971.

De spiritu et littera, Schriften gegen die Pealgianer, Band I, lateinisch-deutsch, Augustinus-Verlag Würzburg, 1971.

Civitas Dei, 신국론, 성염 역주, 분도출판사, 서울 2021.

2. 아우구스티누스에 관한 책

Brown Peter, Augustine of Hippo: A Biography, University of California Press, California and London, 2000.

Cremona Carlo, Augustinus, 2. Auflage, Benziger Verlag AG, 1995.

De Civitate Dei, Herausgegeben von Christoph Horn, Akademie Verlag, Berlin 1997.

Dillistone Fredrick W, Companion tho the Study of St. Augustin, Edited by Roy W. Battenhouse, Oxford University Press, New York 1955: 아우구스티누스 연구핸드북, 로이 배튼하우스, 현재규 옮김, 크리스챤 다이제스트, 서울 1997.

Flasch Kurt, Kampfplätze der Philosophie: Große Kontroversen von Augustin bis Voltaire, Vittorio Klostermann, Frankfurt am Main 2008.

Hägglunt Bengt, Geschichte der Theologie, Evangelische Verlagsanstalt Berlin 1983.

Klassiker der Philosophie, Erster Band, herausgegeben von Otfried Höffe, Dritte, überarbeitete, Auflage, Verlag C. H. Beck München 1994.

Lehrbuch der Kirchen und Dogmengeschichte, Band 1, Alte Kirche und Mittelalter, Gütersloher Verlaghaus, 3. Auflage, Gütersloh 2007.

아우구스티누스와 함께 떠나는 여정, 제임스 K. A. 스미스, 박세혁 옮김, 비아토르, 파주 2020.